CONTRIBUTION DES ORGANISATIONS DE LA SOCIETE CIVILE A LA CONSOLIDATION DE LA PAIX AU BURUNDI : CAS DE L'ASSOCIATION NDUWAMAHORO – LE NON-VIOLENT ACTIF DE 1999 A NOS JOURS

CONTRIBUTION DES ORGANISATIONS DE LA SOCIETE CIVILE A LA CONSOLIDATION DE LA PAIX AU BURUNDI : CAS DE L'ASSOCIATION NDUWAMAHORO – LE NON-VIOLENT ACTIF DE 1999 A NOS JOURS

Emile Baribarira

GALDA VERLAG 2023

Bibliografische Information der Deutschen Nationalbibliothek
Die Deutsche Nationalbibliothek verzeichnet diese Publikation in der Deutschen Nationalbibliografie; detaillierte bibliografische Daten sind im Internet über https://dnb.de abrufbar.

© 2023 Galda Verlag, Glienicke
Neither this book nor any part may be reproduced or transmitted in any form or by any means electronic or mechanical, including photocopying, micro-filming, and recording, or by any information storage or retrieval system, without prior permission in writing from the publisher. Direct all inquiries to:
Galda Verlag, Franz-Schubert-Str. 61, 16548 Glienicke, Germany

Originally presented as the author's Master's thesis
University of Burundi, Bujumbura, 2023

ISBN 978-3-96203-332-3 (Print)
ISBN 978-3-96203-333-0 (E-Book)

DEDICACE

A toute la descendance de la famille NYAMIPAPA Venant ;
A mon cher ami Sy Issaka M. TAHIROU ;
A mon cher ami Augustin CISSE ;
A la famille IRAKOZE Evariste ;
A Madame Rose-Marie NDAYIRAGIJE.

REMERCIEMENTS

Au terme de ce travail, nous nous devons de mentionner, en signe de reconnaissance, certaines personnes qui ont contribué de près ou de loin à sa réalisation.

Nous tenons d'abord à exprimer notre sentiment de gratitude envers le Directeur de recherche, Pr. Léonidas NDAYISABA qui n'a vraiment ménagé aucun effort pour nous encourager et nous orienter tout au long de ce travail. Ses conseils quant au fond et à la forme du document aujourd'hui sous vos yeux nous ont été d'une importance capitale. Qu'il veuille bien reconnaître ici le fruit de ses efforts.

Que notre profonde gratitude parvienne également à l'endroit des responsables de l'Association Sans But Lucratif NDUWAMAHORO-Non Violent Actif qui ont accepté notre proposition de sujet de notre travail mémoire et qui nous ont fourni toutes les informations nécessaires à notre recherche et qui ont également accepté de répondre à nos questions d'enquête.

Les collègues du bureau nous ont régulièrement encouragé et soutenu. Qu'ils veuillent bien trouver ici l'expression de notre reconnaissance, spécialement Monsieur Prudence BUGONDO pour son assistance technique chaque fois que de besoin.

Enfin, nous tenons à remercier toutes les nombreuses personnes dont les noms ne sont pas explicitement cités mais qui, d'une manière ou d'une autre, ont contribué à la bonne réalisation de ce travail.

RESUME

Le présent travail de fin d'études vise essentiellement la contribution des associations de la société civile à la consolidation de la paix au Burundi. Le Burundi a connu des crises sociopolitiques quasi cycliques qui se sont répercutées sur le vivre ensemble et le développement des communautés locales. Le sujet qui nous intéresse est celui de découvrir la contribution de l'ASBL Nduwamahoro-NVA, une association créée au temps fort de la crise sociopolitique qui a débuté avec l'assassinat du Président Melchior NDADAYE le 21/10/1993. Préoccupés par la violence qui sévissait à l'époque et surtout très inquiétés par l'échec des efforts de paix entre différents protagonistes, les fondateurs de l'ASBL ont voulu donner leur contribution à la consolidation de la paix et à la réconciliation progressive. Il s'agissait de mener des actions de nature à favoriser le dialogue, à réparer les relations et à projeter la reconstruction des institutions après le conflit. La conclusion de l'étude aura montré que certaines de nos hypothèses auront été confirmées et d'autres partiellement confirmées compte-tenu de la complexité du terrain de recherche.

Mots clés : consolidation à la paix, société civile, association sans but lucratif, non-violence active

ABSTRACT

This work aims at the contribution of civil society associations to the consolidation of peace in Burundi. Burundi has experienced almost cyclical socio-political crises which have had an impact on living together and the development of local communities. The case under study is that of discovering the contribution of Nduwamahoro -NVA, an association created at the height of the socio-political crisis which began with the assassination of President Melchior NDADAYE on 21/10/1993. Concerned by the violence that was raging at the time and above all very worried by the failure of peace efforts between different protagonists, the founders of the non-profit organization wanted to give their contribution to the consolidation of peace and progressive reconciliation. The aim was to carry out actions likely to foster dialogue, repair relations and project the reconstruction of institutions after the conflict. The conclusion of the study will have shown that some of our hypotheses have been confirmed and others partially confirmed given the complexity of the research field.

Keywords: peacebuilding, civil society, nonprofit organization, active nonviolence.

TABLE DES MATIERES

DEDICACE i

REMERCIEMENTS iii

RESUME v

ABSTRACT vii

SIGLES ET ABREVIATIONS xi

INTRODUCTION GENERALE xiii

   1. Contexte, motivation et pertinence de notre question de recherche .. xiv

   2. Problématique xiv

   3. Hypothèses et questions de notre recherche xvi

   4. Délimitation du sujet xvii

   5. Méthodologie et structure du mémoire xvii

CHAPITRE I : IMPLICATION DE LA SOCIETE CIVILE DANS LA CONSOLIDATION DE LA PAIX 1

Section 1. Clarification de concepts 1

Section 2. La consolidation de la paix dans le monde 4

Section 3. Le rôle de la société civile dans l'agenda de la paix 7

   1. Lois ou mesures fondées sur des règles qui entravent les activités de la société civile 11

   2. Mesures arbitraires 12

   3. Harcèlements, intimidations et représailles extra-juridiques 13

Section 4. La société civile au Burundi 13

Section 5. Présentation de NDUWAMAHORO-NVA 19

&1. Contexte de création 19

&2. Création et statut juridique 19

&3. Cadre organisationnel et institutionnel 20

&4. Vision, Mission, Valeurs et Objectifs de
NDUWAMAHORO-NVA 21

CHAPITRE II : PRESENTATION, ANALYSE DES DONNEES ET DISCUSSION DES RESULTATS 23

Section 1. Présentation des résultats 24

Section 2. Interprétation des données 32

CONCLUSION GENERALE 37

REFERENCES BIBLIOGRAPHIQUES 41

ANNEXES 45

SIGLES ET ABREVIATIONS

ASBL	:	Association sans but lucratif
CNRTL	:	Centre national des ressources textuelles et lexicales
CRID	:	Centre de recherches pour l'inculturation et le développement
CRS	:	Catholic Relief Services
EPLO	:	European Peacebuilding Liaison Officer
GAPS	:	Groupe d'action pour la paix et le secours
MIR	:	Mouvement international de la réconciliation
NVA	:	Non-violent actif
ONG	:	Organisation non gouvernementale
PAM	:	Programme alimentaire mondial

INTRODUCTION GENERALE

Les bâtisseurs de paix sont régulièrement révoltés par un tableau vraiment sombre par rapport à un usage de la violence qui est pratiquement devenu un vécu au quotidien dans le monde et remet en cause la concorde et le développement. Les revues, les médias et autres sources de communication laissent entendre et voir des actes ignobles commis entre les individus, les groupes, les communautés et même les Etats. A l'échelle internationale, la menace terroriste est l'un des plus grands défis de sécurité des Etats au 21ème siècle, provoquant des meurtres, des disparitions, des climats de tension et de peur autant pour les forces publiques que pour la population civile, sans oublier la dernière invasion de la Russie en Ukraine avec son cortège de conséquences pratiquement sur le monde entier.

Pratiquement depuis son accession à l'indépendance, le Burundi connait un cycle de violences entre ses propres filles et fils. Le conflit ou le mal burundais change de forme du jour au lendemain. Il suffit de penser aux différents conflits enregistrés mais différemment interprétés comme ceux de 1972, 1988, 1993, 2015, etc. Hier c'était le problème ethnique, aujourd'hui ce sont des conflits soit régionaux, soit de divergence des idées politiques, des conflits fonciers, familiaux, etc.

Des allégations de violences associées aux constantes violations des droits de l'homme sont régulièrement rapportées. En effet, des personnes sont battues, brulées, violées, expropriées de leurs biens, d'autres sont même tuées de façon ignoble sans toutefois ignorer ceux qui perdent toutes leurs repères. Les organisations spécialistes des droits humains mentionnent également des violences sexuelles envers les femmes, de la mutilation des organes, etc.

Au Burundi comme ailleurs, la prévention et la lutte contre les violences nécessitent une construction d'une paix qui, selon Hansotte MAJO, est une culture pour rompre avec l'injustice, le pillage des ressources, la négation de la dignité des collectivités humaines. Le même auteur précise que la paix nécessitera des bâtisseurs de paix capables de s'opposer aux faiseurs de guerre. Il indique de grandes figures comme Ghandi et les Indiens ligués contre le colonialisme, Mandela et les Sud-africains ligués contre l'apartheid[1].

---

[1] https://www.lexpress.fr/actualite/societe/la-menace-terroriste_921204.html. visité le 9 jan 2022

1. Contexte, motivation et pertinence de notre question de recherche

La plupart des conflits contemporains sont souvent d'une nature complexe et requièrent une réaction intégrée et cohérente. Et la société civile joue actuellement un rôle de plus en plus important. Elle a non seulement sa place dans la fourniture des secours humanitaires ou dans la promotion de la réconciliation nationale, mais elle peut également contribuer à déterminer les causes des conflits, à les comprendre et à y remédier.

Agréée par l'OM n°530/776 du 03/12/1999, NDUWAMAHORO-LE NONVIOLENT ACTIF est l'une des organisations de la société civile burundaise de statut sans but lucratif qui a été créée pendant les moments forts de la crise sociopolitique consécutive à l'assassinat du Président Melchior NDADAYE le 21/10/1993.

Préoccupés par la violence qui sévissait à l'époque et surtout très inquiétés par l'échec des efforts de paix entre différents protagonistes, les fondateurs de l'ASBL ont voulu donner leur contribution à la consolidation de la paix et à la réconciliation progressive. Il s'agissait de mener des actions de nature à favoriser le dialogue, à réparer les relations et à projeter la reconstruction des institutions après le conflit.

Inspirée par la spiritualité chrétienne catholique, NDUWAMAHORO - LE Non-Violent avait l'ambition de « lutter contre les idéologies qui tuent » et de « contribuer à la re culturation du peuple burundais et à l'inculturation des valeurs de tolérance, honnêteté, vérité, justice sociale, pardon, réconciliation et non-violence active »[2].

2. Problématique

Les cycles des violences, les génocides et les guerres par lesquels les pays de la région des Grands lacs sont passés depuis la nuit des temps ont laissé des sociétés meurtries et traumatisées.

Dans une note préface au manuel de la paix destiné à la formation des jeunes, le Secrétaire Exécutif de la CIRGL note avec amertume que « le défi majeur de la consolidation de la paix dans la région des Grands Lacs est l'éradication de toutes les actions violentes et malveillantes entraînant la mort d'hommes, de femmes et d'enfants, des traumatismes, des agressions

---

[2] Article 5 Statuts du 19/12/1998 repris dans le texte actuel des statuts du 27/02/2017

physiques, une déstabilisation sociale et morale, la peur, la terreur ainsi que la destruction des infrastructures qui soutiennent le développement durable. »[3]

Les spécialistes s'accordent à dire que les blessures invisibles et les traumatismes sont difficiles à guérir. Pire encore, il existe toujours un haut risque de transmission par les parents aux générations suivantes : les enfants des survivants des auteurs et spectateurs.

Selon Monsieur l'Abbé Adrien Ntabona, la crise burundaise n'était pas simplement un problème tribal comme partout ailleurs en Afrique. Ce n'était pas non plus un conflit d'ordre politique consistant dans une simple lutte pour le pouvoir. Il s'agissait pour lui d'une crise résultant d'une dérive idéologique qui a engendré un ébranlement éthique[4].

L'émergence de la société civile est certainement l'un des faits les plus marquants des trois dernières décennies au Burundi. Cette dynamique associative a connu un coup d'accélérateur avec la crise, qui a débuté le 21 octobre 1993. Dans la plupart des cas, les associations sont nées pour répondre aux défis et aux besoins engendrés par la crise et, surtout, pour faire face aux carences de l'Etat, incapable de remplir ses missions traditionnelles, car affecté par la crise[5].

Depuis l'assassinat du Président Melchior Ndadaye et l'éclatement du conflit au Burundi[6] en octobre 1993, la société civile a essayé de répondre aux effets négatifs de la crise en appuyant les victimes et en servant comme intermédiaire des différents acteurs du conflit. L'affaiblissement progressif de l'Etat consécutif à la crise a créé des besoins immenses et par voie de conséquence des attentes et naturellement de nombreux chantiers pour la société civile. D'une manière générale, les motifs à l'origine de la création de beaucoup d'organisations sont liés essentiellement aux effets économiques et sociaux de la crise. Le besoin de ressouder le tissu social par la résolution pacifique des conflits, la responsabilisation de certaines catégories comme les femmes et les jeunes, la résurgence de nouveaux défis comme les orphelins, les enfants de la rue et les enfants soldats, l'établissement des liens entre crise et pauvreté sont autant de sujets qui ont interpellé les Burundais et qui les ont incités à se rassembler en associations.

---

[3] CIRGL, Manuel d'éducation à la Paix pour la région des Grands Lacs, Octobre 2021
[4] Au Cœur de l'Afrique n°2-3/2000 page 229
[5] https://www.fucid.be/wp-content/uploads/2019/12/role-societe-burundi-FINAL.pdf visité le 26/01/2023 à 18h10
[6] https://medialibrary.uantwerpen.be/oldcontent/container2143/files/Publications/Annuaire/2005-2006/09-Palmans.pdf site visité le 26/01/2023 à 18h47

Dans son plan stratégique 2016-2018, la Commission Episcopale de l'Apostolat des Laïcs précise dans l'axe relatif à la paix et la culture :

> « *L'homme de paix doit dénoncer toutes les différentes formes des non vérités qui ont comme base une conception erronée de l'homme et de ses dynamismes constitutifs. Il faut appeler par leur nom les maux macabres qui ont eu lieu dans notre pays et ne pas dire des mensonges. Nous allons former les gens pour qu'ils soient conscients de ces violations et pour restaurer la vérité et faire respecter la vie et la dignité humaine.* »[7]

3. Hypothèses et questions de notre recherche

- ✓ Quelle a été la contribution de Nduwamahoro-NVA auprès de son groupe cible par rapport au respect de la personne humaine ?
- ✓ Est-ce que grâce aux enseignements de Nduwamahoro-NVA le peuple bénéficiaire a mieux intégré les valeurs essentielles de tolérance, honnêteté, vérité, justice sociale, pardon, réconciliation, etc. ?
- ✓ Est-ce que Nduwamahoro-NVA aurait pu contribuer à éradiquer les idéologies de la haine ?
- ✓ Est- ce que Nduwamahoro-NVA aurait réussi à aider la jeunesse burundaise à adhérer aux valeurs de paix ?

Fondée par Monsieur l'Abbé Adrien NTABONA, professeur émérite et éminent chercheur dans les dynamiques de résolution de conflit au Burundi, NDUWAMAHORO-NVA s'est fixé, entre autres, les objectifs[8] de :

- ➢ Promouvoir une culture de paix au Burundi, basée sur le respect absolu de la personne humaine ;
- ➢ Contribuer à la reculturation du peuple burundais et à l'inculturation des valeurs de tolérance, honnêteté, vérité, justice sociale, pardon, réconciliation et non-violence active ;
- ➢ Développer et encourager des mentalités et attitudes qui favorisent la vie ;
- ➢ Lutter contre toutes les idéologies qui tuent, en veillant à sauver de la dérive les disciples du mal ;

---

[7] Plan Stratégique CEAL 2016-2018
[8] Statuts Nduwamahoro article 5

> Eduquer les générations montantes sur base des hautes valeurs culturelles qui construisent la paix
> Approfondir et enraciner au Burundi une spiritualité de la paix

Partant de ces objectifs ci-haut mentionnés, nous avons jugé bon de réfléchir en profondeur sur l'apport réel de Nduwamahoro-NVA à la consolidation de la paix au Burundi pendant et après la tourmente.

A la lumière des questions de recherches déjà formulées, nous avons émis les hypothèses suivantes qui pourront plus tard être confirmées ou infirmées :

❖ L'ASBL Nduwamahoro aurait substantiellement contribué à la lutte contre les idéologies de la haine
❖ Grâce aux enseignements de Nduwamahoro-NVA, le peuple cible serait actuellement mieux acquis aux valeurs de paix, tolérance, honnêteté, vérité, justice sociale, pardon, réconciliation, etc.
❖ Nduwamahoro-NVA aurait énormément contribué au respect de la personne humaine dans sa zone d'intervention.

4. Délimitation du sujet

Le présent travail se donne l'ambition de découvrir l'apport substantiel de NDUWAMAHORO-NVA à la résolution de la crise sociopolitique burundaise et à la consolidation de la paix. Après une réflexion sur le rôle de la société civile burundaise dans la résolution de la crise susmentionnée, des investigations fouillées seront concentrées autour de la contribution de NDUWAMAHORO à la paix au Burundi. Sur le plan chronologique, nos recherches vont de la fondation de l'Association à ce jour.

Toute recherche scientifique est conditionnée par l'accès aux données. Compte tenu des contraintes académiques de notre travail, nous avons préféré circonscrire ce travail à la contribution de NDUWAMAHORO-NVA parce que nous pensons avoir des facilités pour accéder à l'information mais aussi nous pensons que la matière est suffisamment dense pour nous permettre de confirmer ou d'infirmer nos hypothèses.

5. Méthodologie et structure du mémoire

Dans le cadre de ce travail, nous avons eu recours à une analyse documentaire de l'existant pour constituer une bibliographie détaillée des ouvrages disponibles en rapport avec la consolidation de la paix, des journaux et revues de certaines organisations internationales et même du Système des Nations-Unies, des œuvres lues sur internet ainsi que des travaux de fin d'études avec un intérêt évident pour notre travail.

Nous avons ensuite approché deux groupes de personnes qui intéressent particulièrement notre travail à savoir celui de certains membres fondateurs et/ou des responsables actuels de l'ASBL ainsi que le groupe des bénéficiaires membres ou non de Nduwamahoro -NVA. Un questionnaire séparé a été élaboré et adressé aux membres fondateurs et aux bénéficiaires.

Pour le premier groupe, le nombre des fondateurs de l'association et les responsables actuels disponibles étaient au nombre de sept (7) et tout le monde a répondu à notre questionnaire.

Le groupe des bénéficiaires était plus complexe car il est constitué par des hommes et des femmes éparpillées sur tout le territoire national, membres ou non de l'Association. Parmi eux nous avons pu identifier cinquante (50) personnes, hommes et femmes, qui ont également collaboré à ce travail. Nous avons pu distribuer le questionnaire à un nombre égal entre homme et femmes ressortissant essentiellement des zones où l'Association a plus d'assises en l'occurrence la Mairie de Bujumbura, les villes de Gihanga, Rumonge et Rutana. Au total cinquante bénéficiaires ont répondu à notre questionnaire. Des contraintes de temps et de disponibilité des répondants ne nous ont pas permis de toucher plus de personnes. Néanmoins, en complément avec les résultats de l'analyse documentaire, nous pensons que l'échantillon identifié est assez significatif pour pouvoir confirmer ou infirmer nos hypothèses.

Nous avons privilégié une méthode qualitative consistant à entrer en contact avec les acteurs pour saisir le sens donné à leurs actions et les motivations avancées à s'engager bénévolement pour le bien-être collectif.

En effet, dans tout travail de recherche, il est important de choisir la méthode à utiliser sinon il y'aurait risque de s'égarer. SUAVET note que « celui qui veut travailler sans méthode risque de s'égarer, de perdre du temps et d'oublier les éléments essentiels, faute d'un plan permettant d'être sûr d'avance que le champ sera convenablement exploré[9].

Pour notre étude, ce n'est pas tellement la quantité des faits que nous avons privilégiée, mais bien la qualité des personnes qui auront changé leurs comportements grâce aux interventions de Nduwamahoro-NVA.

---

[9] SUAVET, cité par BIZIMANA (F) in **Le DESS en droits de l'homme et résolution pacifique des conflits au service d'un Etat de droit au Burundi** (2010 : 25)

Ce travail est subdivisé en deux chapitres :

Le premier chapitre explore les différentes théories déjà disponibles en matière de la consolidation de la paix et du rôle de la société civile en général et surtout dans les pays en conflits ou post-conflits. A la fin nous tentons de découvrir et présenter la vision, les valeurs et objectifs que Nduwamahoro-NVA s'est assigné.

Le deuxième et dernier chapitre est réservé à la présentation, l'analyse et l'interprétation des résultats issus des questionnaires élaborés avec les sujets concernés par la recherche.

CHAPITRE I :

IMPLICATION DE LA SOCIETE CIVILE DANS LA CONSOLIDATION DE LA PAIX

La société civile joue un rôle de premier plan en encourageant les initiatives locales de consolidation de la paix, en engageant des processus de réconciliation, en préconisant l'adhésion aux accords de paix et en mettant en place des capacités d'éducation pour la paix.

Section 1. Clarification de concepts

§1. Concept de « société civile »

Le concept de société civile est évoqué parfois à tort ou à raison dans des milieux de plus en plus très variés. Ce ne sont pas seulement les politiciens, mais également les médias et les scientifiques qui, ces dernières années, font un usage de plus en plus fréquent du concept. Il est intéressant de noter que tous ceux qui en parlent ne définissent pas le concept de la même manière. Plusieurs définitions sont données mais toutes se concentrent sur deux domaines importants :

D'un côté, la société civile est considérée comme un domaine au sein de la société, qui est apparu entre les sphères étatique, économique et privée – ou encore : entre l'Etat, le marché et la famille.

Sous cette appellation, la société civile regroupe des mouvements, organisations, associations qui agissent en dehors de l'Etat et des pouvoirs constitués, pour faire prendre en compte leurs valeurs ou leurs intérêts par les décideurs politiques et économiques. Les ONG, les syndicats, les diverses associations apolitiques, les groupements paysans etc. font en théorie partie de la société civile. Ainsi donc, la société civile est une notion assez floue car elle regroupe sous une seule appellation des organisations dont les caractéristiques sont très variées et les intérêts parfois contradictoires. De plus l'idée d'indépendance vis-à-vis de l'Etat qui constitue son fondement devient relative, ne serait-ce que si l'on prend en compte les subventions publiques dont bénéficient la plupart de ces organismes.

De l'autre côté, « société civile » signifie "le développement de sociétés", autrement caractérisée par le terme de démocratisation.

La ligne générale qui se dégage est que la société civile[10]:

- ➢ S'inscrit dans un espace public au sein de la société
- ➢ Se trouve entre l'Etat, le marché et la famille
- ➢ Ne désigne ni un groupe homogène, ni une masse de citoyens isolés les uns des autres
- ➢ Désigne des rassemblements de citoyens suivant leurs centres d'intérêt respectifs.

§2. Concept de « consolidation de la paix »

Selon Europeian Peacebuilding Liaison Officer (EPLO), une plateforme d'ONG et de réseaux d'ONG européens, la consolidation de la paix est un processus de long terme qui vise à prévenir le déclenchement, la récurrence ou la continuation de conflits violents.

Les d'activités de consolidation de la paix incluent, à titre d'exemples :

- L'alerte précoce
- La médiation et le dialogue
- La gestion de crise
- La justice transitionnelle et la réconciliation
- L'aide au développement sensible aux conflits
- La mise en place et la réforme d'institutions

La consolidation de la paix ('*peacebuilding*') intervient avant qu'un conflit n'éclate ou quand il a pris fin. Elle s'appuie sur le concept de la sécurité humaine (c'est-à-dire la sécurité des personnes).

La consolidation de la paix est donc un concept qui désigne un état de calme ou de tranquillité ainsi que l'absence de perturbation, de trouble, de guerre et de conflit. Elle correspond aussi à un idéal social et politique[11].

---

[10] https://www.issuelab.org/resources/20204/20204.pdf visité le 18/04/2023 à 21h13
[11] https://www.google.com/search?client=opera&q=définition+du+concept+de+la+paix&sourceid=opera&ie=UTF-8&oe=UTF-8 visité le 26/04/2023 à 16h46

§3. Association sans but lucratif[12]

Aussi appelée association à but non lucratif ou organisme sans but lucratif, l'association sans but lucratif est un regroupement d'au moins deux personnes qui décident de mettre en commun des moyens, afin d'exercer une activité ayant un but premier autre que leur enrichissement personnel.

Une organisation est donc dite sans but lucratif quand elle n'opère pas dans le but de faire un profit. Le principal objectif d'une telle organisation est d'assurer le bien-être de la société.

Les organisations à but non lucratif n'appartiennent à personne et elles ne versent ni de bénéfices pour les actionnaires ni de dividendes. Ainsi, le bénéfice réalisé par une organisation à but non lucratif est plutôt utilisé dans le but de financer les activités de l'entité et à faire face à ses différentes dépenses.

Principalement, les organisations à but non lucratif sont des organisations caritatives, éducatives ou même religieuses. Ainsi, ces entités aident une activité, une cause ou une communauté. Généralement, ces entités ont de bénévoles ou du personnel rémunéré et les bénéfices qu'elles réalisent sont utilisés par la suite dans le but de soutenir la cause spécifique de l'entité en question. Il est possible pour ces organisations d'obtenir des fonds d'une source extérieure afin de payer les dépenses administratives, de payer les employés ou, bien évidemment, de financer ses activités.

§4. La non-violence active[13]

Il s'agit d'adopter des comportements susceptibles de pouvoir se faire respecter et respecter ses droits, ceux des autres et surtout veiller au respect de la dignité des personnes avec qui on se trouve confronté.

Selon Martin Luther King, un des pionniers de la non-violence active, l'action non-violente est une technique grâce à laquelle ceux qui rejettent la passivité et la soumission, et qui considèrent que la lutte est essentielle, peuvent livrer leur combat sans recourir à la violence. L'action non-violente ne cherche donc pas à éviter ou à ignorer les conflits.

De l'avis de plusieurs analystes, la non-violence s'est progressivement révélée efficace parce que le résistant non-violent reconnaît, comme ceux qui

---

[12] https://www.google.com/search?client=ms-google-coop&q=Définition+Association+à+but+non+lucratif&cx=009116907370887200562:b8-crebyzj site visité le 02/08/2023 à 14h22

[13] https://www.reforme.net/editovideos/les-six-principes-de-la-non-violence-selon-martin-luther-king/ visité le 02/0/2023 à 15h16

se résignent, qu'il ne faut pas attaquer physiquement l'adversaire. Inversement, il reconnaît, avec les violents, qu'il faut résister au mal. Il s'abstient à la fois de la non-résistance du premier et de la violence du second.

Martin Luther King donne six principes chers à la non-violence :

1. La non-violence active n'est pas une méthode destinée aux lâches. C'est une véritable résistance.
2. La résistance non-violente ne vise pas à vaincre ou à humilier l'adversaire, mais à gagner son amitié et sa compréhension.
3. La lutte doit être dirigée contre les forces du mal plutôt que contre les personnes qui font le mal.
4. La non-violence active accepte de souffrir sans user de représailles. Elle accepte de recevoir des coups sans rendre la pareille.
5. La résistance non-violente ne cherche pas seulement à éviter de se servir de la violence physique ou extérieure. Elle concerne aussi notre être intérieur. Elle consiste à refuser la haine et à vivre selon des principes fondés sur l'amour.
6. Et enfin, le principe de non-violence est fondé sur la conviction que l'univers est du côté de la justice.

Section 2. La consolidation de la paix dans le monde

Lors de la Conférence internationale en vue de trouver une solution du conflit au Pays basque en octobre 2011, Kofi Annan alors Secrétaire Général des Nations-Unies a dit que « obtenir la paix exige l'engagement ferme et un courage extraordinaire de la part de toutes les parties afin de mettre un terme définitif à la violence »[14].

Etant donné le nombre de conflits qui est allé croissant, il était urgent de proposer de nouvelles méthodes d'intervention. Le concept de la consolidation de la paix semble être pour le moment une des meilleures recettes. En effet, la consolidation de la paix s'attaque aux causes profondes des conflits en aidant les personnes à régler leurs différends de manière pacifique et à jeter les bases d'un avenir dénué de violence. La consolidation de la paix est donc une nécessité dont aucun dirigeant responsable ne saurait se passer.

---

[14] https://www.c-r.org/fr/notre-approche-de-la-consolidation-de-la-paix visité le 27/04/2023 à 10h40

Il est de notoriété commune que la violence n'épargne personne. Les guerres entravent le développement des communautés, empêchent les enfants d'aller à l'école et rendent difficile l'accès aux soins. Et c'est la pauvreté qui s'ensuit. Nous devons donc changer notre conception des choses et notre manière de faire. Il est temps d'arrêter de recoller les morceaux et de commencer à briser les cycles de violences. L'heure est venue d'investir davantage dans la consolidation de la paix.

En quoi donc consiste la consolidation de la paix ?

Comme déjà mentionné plus haut, la consolidation de la paix se veut être un long processus qui consiste à favoriser le dialogue, à réparer les relations et à reconstruire les institutions. Pour que les changements positifs perdurent, le processus de paix doit inclure toutes les parties touchées par le conflit.

La fin de la violence n'est possible qu'avec la transformation des relations. Il s'agit de comprendre et traiter les raisons pour lesquelles les personnes ont commencé à se battre, puis de trouver un moyen d'avancer et aboutir à un compromis. Cela vaut aussi bien pour un conflit intracommunautaire ou intercommunautaire qu'un conflit opposant l'État et les citoyens.

La consolidation de la paix renferme beaucoup d'implications. Toutes les approches et méthodes de consolidation de la paix, diverses et variées, ont toutes pour objectif de garantir la sécurité de la population, de veiller à ce qu'elle ait accès au droit et à la justice, qu'elle soit incluse dans les décisions politiques qui l'affectent, qu'elle bénéficie de meilleures chances économiques et qu'elle jouisse d'une vie meilleure.

Pour mieux y parvenir, selon Alert International, il s'agit notamment de[15]:

- ➢ Rapprocher les différents groupes afin de promouvoir la confiance et la réconciliation
- ➢ Mener différentes démarches de diplomatie et de soutien à l'égard des processus de paix formels
- ➢ Renforcer la démocratie et la politique inclusive (par exemple inclusion des groupes marginalisés, initiatives de citoyenneté active, etc.)
- ➢ Améliorer les systèmes judiciaires (p. ex. initiatives de lutte contre la corruption, réformes constitutionnelles, accès aux initiatives en matière de justice, commissions vérité, etc.)

---

[15] https://www.international-alert.org/fr/a-propos/en-quoi-consiste-la-consolidation-de-la-paix/ visité le 27/04/2023 à 11h07

- ➢ Chercher à améliorer la sécurité des communautés et à modifier le comportement des forces de sécurité
- ➢ Collaborer avec les entreprises et le secteur commercial afin de créer des emplois durables ou d'améliorer les pratiques d'embauche
- ➢ Améliorer les infrastructures et les aménagements urbains et ruraux
- ➢ Instaurer des médias libres et inclusifs
- ➢ Élaborer des programmes de développement (santé, éducation, développement économique) dans les zones plus sensibles à la dynamique de conflit pour pouvoir contribuer à la paix de manière délibérée.

En définitive, la consolidation de la paix est un travail collaboratif, s'opérant au niveau local, national, régional et international. Les individus, les communautés, les organisations de la société civile, les gouvernements, les organes régionaux et le secteur privé ont tous un rôle à jouer dans la consolidation de la paix. Pour promouvoir un changement positif durable, chaque individu affecté par un conflit violent doit être impliqué dans le processus de consolidation de la paix.

Notons que sur le plan pratique, la consolidation de la paix peut prendre plusieurs formes d'actions différentes. Ainsi, elle peut consister à réunir divers groupes pour discuter de problèmes ou à s'appuyer sur des films pour aider les gens à comprendre le point de vue des autres. Elle peut également accompagner des processus officiels de négociation entre les gouvernements et les groupes armés, ou veiller à ce que les groupes marginalisés puissent faire entendre leur voix. La paix s'établit quand on brise les stéréotypes et quand différents groupes unissent leurs efforts.

La consolidation de la paix rentre dans le cadre du programme de l'agenda pour la paix qui a été présenté le 17 juin 1992 par Boutros Boutros-Ghali, alors Secrétaire Général de l'ONU[16]. Cet agenda devait s'effectuer en trois axes à savoir :

- ➢ La consolidation de la paix ou la diplomatie préventive des conflits ;
- ➢ Le maintien de la paix dans les zones de risques de conflits
- ➢ Le rétablissement ou l'imposition de la paix dans les régions en guerre.

---

[16] https://www.persee.fr/doc/afdi_0066-3085_1992_num_38_1_3062 visité le 14/08/2023 à 12h31

Un Nouvel Agenda pour la Paix vient d'être présenté le 20 juillet 2023 à New-York par le Secrétaire Général des Nations-Unies Antonio Guterres[17]. Il s'agit d'une nouvelle réflexion collective sur l'avenir des outils des Nations-Unies en faveur de la paix et de la sécurité internationale. Il va permettre de revoir et d'énoncer de nouvelles priorités collectives pour la paix.

Le Nouvel Agenda est articulé autour de cinq priorités :

- ✓ La première des priorités est, selon le chef de l'ONU, de prendre des mesures énergiques pour renforcer la prévention au niveau mondial, en remédiant aux risques stratégiques et aux divisions géopolitiques ;
- ✓ Dans le deuxième domaine d'action prioritaire, le Secrétaire Général propose une vision de la prévention des conflits et de la violence et du maintien de la paix qui s'applique à tous, dans chaque pays, à chaque instant ;
- ✓ La troisième priorité porte sur une révision de l'approche des opérations de paix, en tenant compte des réalités des conflits actuels ;
- ✓ La quatrième priorité est d'empêcher la militarisation des nouveaux domaines et des nouvelles technologies et de promouvoir l'innovation responsable ;
- ✓ La cinquième priorité est de revoir le mécanisme de sécurité collective afin d'en restaurer la légitimité et l'efficacité.

Section 3. Le rôle de la société civile dans l'agenda de la paix

La société civile joue un rôle de premier plan en encourageant les initiatives locales de consolidation de la paix, en engageant des processus de réconciliation, en préconisant l'adhésion aux accords de paix et en mettant en place des capacités d'éducation pour la paix.

Ces trois dernières décennies ont été marquées par un changement dans la nature des confrontations armées. Plus que par la distinction entre conflit inter et intra étatique, qui tend à perdre sa pertinence au regard des analyses récentes montrant la dimension internationale de la plupart des

---

[17] https://www.google.com/search?q=nouvel+agenda+pour+la+paix+onu&client=opera&hs= n8X&sca_esv=556704752&biw=1306&bih=638&ei=qfPZZJm5DOmkkdUPmtST0AE&oq =Nouvel+Agenda+pour+la+paix+&gs_lp=Egxnd3Mtd2l6LXNlcnAiG05vdXZlb CBBZ2VuZGEgcG91ciBsYSBwYWl4ICoCCAAyBRAAGIAEMgYQABgWGB5Ig6YBU N4bWL92cAF4AJABAJgBoR2gAbJxqgELNS00LjMuMS4xLjK4AQHIAQD4AQHCAgo QABhHGNYEGLADwgIFEAAYogTCAgUQIRigAeIDBBgAIEGIBgGQBgI&sclient=gws-wiz-serp visité le 14/08/2023 à 12h35

conflits soi-disant internes, ce changement de nature s'exprime surtout dans la multiplication du nombre des groupes armés qui s'affrontent et dans le discours légitimant ainsi leur existence, et leurs pratiques guerrières.

Une des conséquences majeures de ce changement de nature des conflits armés concerne l'extrême complexité de leur résolution, et la mise en évidence de l'inadaptation et/ou de l'incapacité des modes conventionnels axés sur la médiation et l'approche diplomatique, à trouver à eux seuls des solutions durables.

Il est apparu un nouveau type d'acteur dans la construction de la paix : la société civile, sur laquelle repose beaucoup d'espoir. En effet, la société civile est à la fois victime, mais aussi actrice ou partie permanente dans un conflit. En conséquence, sa neutralité et son impartialité doivent être gérées en permanence.

L'implication de la société civile dans la résolution ou la transformation des conflits pourrait se comprendre à trois niveaux :

1. Si l'on accepte l'idée que la société civile est actrice d'un conflit (par les valeurs qu'elle véhicule et diffuse, par ses attitudes et ses comportements), alors il est essentiel qu'elle soit dans les processus de résolution ;
2. Les solutions apportées ne seront durables que si elles sont véritablement portées, acceptées et intégrées par la population ;
3. L'immense majorité des conflits ayant pour cause un déficit de légitimité de l'Etat, la participation active de la société civile dans les processus politiques devrait normalement accroître cette légitimité, et donc potentiellement participer au règlement du conflit.

C'est pourquoi, l'apparition et la légitimation de ce nouvel acteur ont à la fois fait apparaître ses forces, mais aussi ses faiblesses, en particulier au niveau de ses capacités institutionnelles et techniques. Partant de ce double constat, la société civile nous semble être véritablement un acteur légitime dans la contribution à la résolution des conflits.

§1. Rôle de la société civile dans la résolution des conflits[18]

Plusieurs organisations non gouvernementales (ONG) intéressées par la résolution des conflits interviennent selon leur vision au service de la paix.

---

[18] https://www.unige.ch/gsi/files/1014/0351/6354/kreidi.pdf visité le 27/04/2023 à 18h42

Une catégorie d'ONG dans la résolution de conflits est composée par des ONG de défense ou de soutien (advocacy groups), qui s'occupent de défendre certaines causes notamment le respect et l'amélioration des droits de l'homme dans le monde. C'est le cas par exemple d'Amnesty International ou de Human Rights Watch. Les moyens de défendre leur cause se font surtout par du lobbying. Elles font aussi des missions d'information aidées par les observations réalisées par leurs correspondants sur place. Elles s'occupent également de publier des rapports sur les enquêtes menées à propos d'un thème ou d'un pays spécifique.

Le rôle des ONG de droits de l'homme dans la résolution de conflits se situe dans l'idée qu'une paix à long terme ne peut être efficace que si une reconnaissance des souffrances et une estimation des abus a eu lieu auparavant pour les parties au conflit. Ces efforts peuvent avoir une composante punitive pour les crimes graves, mais aussi contenir des éléments de pardon ou d'amnistie afin que le ressentiment ne fasse pas s'effondrer le processus de paix et qu'une consolidation de la paix durable puisse être établie.

Du point de vue du domaine de la prévention des conflits, les violations des droits de l'homme, ainsi que le manque de démocratie et d'Etat de droit sont vus comme des causes de conflits. Ces ONG de défense des droits de l'homme mettent ainsi autant d'efforts dans la surveillance et l'analyse post-conflictuelle de la consolidation de la paix que dans la prévention pré-conflictuelle et la résolution de conflits en cours.

Nous trouvons aussi des ONG qui sont plutôt considérées comme des centres de recherches (think tanks). Elles sont souvent financées par des gouvernements et publient des analyses, des rapports sur des sujets liés à leur domaine de prédilection. Ces centres de recherches sont très attachés à la politique et fournissent des arguments et des points de vue dans ce domaine. Leurs membres sont souvent des spécialistes d'un sujet donné. En outre, certains de ces centres possèdent des bureaux régionaux ou des correspondants à l'étranger, ce qui leur permet d'être tenus informés directement et plus efficacement sur la situation dans les pays en conflit. Les centres de recherches sont donc très importants dans la recherche pour la paix. Ils apportent en effet une expertise dans leurs domaines d'étude et proposent des programmes d'enseignement à la médiation, à la négociation, etc.

Nous pouvons citer par exemple le Carter Center spécialisé notamment dans l'observation d'élections internationales et de programmes dédiés aux droits de l'homme et à la démocratie, l'Institut Baker ou la Fondation Soros. Nous trouvons encore les ONG religieuses, souvent chrétiennes, (Christian

Peacemakers Team, Communauté de Sant' Egidio) agissant dans plusieurs domaines tels que la paix, les droits de l'homme, la médiation, etc. Elles ont également leur place dans la résolution de conflits par la médiation. Elles apportent leurs doctrines et croyances comme fondements pour arriver à la paix.

L'aide humanitaire intéresse également les organisations de la société civile. En effet, les acteurs humanitaires sont régulièrement impliqués dans la fourniture d'aide et de services dans les situations de conflits. Ils ont commencé ainsi à travailler d'une façon différente en développant de nouveaux programmes se sensibilisant davantage aux conflits et favorables aux objectifs de consolidation de la paix. Souvent l'aide humanitaire crée des possibilités pour la médiation ou de bonnes conditions pour la résolution d'un conflit.

Les ONG sont très actives dans l'aide au développement. Les activités de développement sont variées et se focalisent sur les composants vitaux de la société comme l'agriculture, l'éducation, les infrastructures, etc. L'aide a en effet le potentiel de s'attaquer aux conditions structurelles qui produisent un conflit violent telles que l'exclusion sociale, le manque de participation politique, de faibles institutions publiques et le manque de sécurité personnelle, toutes ces fonctions permettant d'obtenir une prévention de conflits à long terme, si elles sont traitées et résolues efficacement. Elles peuvent donc avoir un effet considérable dans la résolution de conflits à long terme. L'aide est aussi en mesure de soutenir les processus de paix, car elle peut aider à préparer le terrain pour une paix durable en subvenant aux besoins des citoyens de la population par la création d'espaces sociaux pour le dialogue.

Il est encore important d'aborder les ONG qui agissent en tant qu'intermédiaires, facilitateurs ou médiateurs, normalement appelées « ONG de paix ». Leurs méthodes de travail sont essentiellement d'écouter positivement les parties au conflit, de se concentrer sur leurs besoins communs et de s'abstenir de faire des demandes qui vont au-delà de ces besoins. Elles vont travailler avec les individus, les groupes communautaires ou les représentants officiels en évitant de prendre parti au conflit et en promouvant le dialogue pour établir des bases communes qui étaient au départ antagoniste.

De manière globale, les fonctions principales de ces ONG peuvent se présenter comme suit :

- Fournir une assistance dans la résolution de différends au niveau communautaire ;

- Former les acteurs locaux en utilisant les méthodes de résolution de problèmes dans la résolution de différends ;
- Établir des forums locaux pour le dialogue et la solution de problèmes, par exemple les réunions de communautés, les centres de médiations, etc ;
- Développer et diffuser l'information pour les méthodes de solution de problèmes ;
- Travailler avec les centres régionaux afin de les tenir informés des problèmes locaux et des activités des ONG.

§2. Défis et limites de la société civile[19]

Dans un guide pratique destiné à la société civile, le Haut-Commissariat aux Droits de l'homme épingle une litanie de mesures draconiennes et injustes souvent prises à l'encontre de la société civile en vue de mettre le bâton dans les roues à son action. Nous donnons dans les lignes qui suivent le descriptif en détail.

Que ce soit au niveau local, national, régional ou mondial, les acteurs de la société civile peuvent rencontrer des obstacles visant à empêcher, minimiser, interrompre ou inverser l'impact de leurs activités légitimes parce qu'ils critiquent les positions, les politiques ou les actions du gouvernement ou parce qu'ils s'y opposent. Ces obstacles peuvent comprendre des entraves à la liberté et à l'indépendance, ou des harcèlements, intimidations et représailles souvent dirigés contre les acteurs de la société civile. Les pouvoirs publics savent toujours trouver des façons d'empêcher, de minimiser, d'interrompre ou d'inverser l'impact des activités de la société civile

1. Lois ou mesures fondées sur des règles qui entravent les activités de la société civile

Certaines lois et réglementations peuvent limiter la liberté et l'indépendance des acteurs de la société civile, par exemple, en :

➢ Exigeant un enregistrement qui ne se traduit par aucun avantage (par exemple, des avantages fiscaux), limites à la liberté et à l'indépendance, harcèlements, intimidations, représailles juridiques et extra-juridiques,

---

[19] https://www.ohchr.org/sites/default/files/CS_space_UNHRSystem_Guide_fr.pdf visité le 28/04/2023à 15h40

- ➢ Limitant les types d'activités qui peuvent être exercées,
- ➢ Sanctionnant pénalement les activités non enregistrées,
- ➢ Établissant des restrictions à l'enregistrement de certaines associations, y compris des ONG internationales, ou d'associations bénéficiant de financements étrangers, ou de groupes œuvrant dans le domaine des droits de l'homme,
- ➢ Définissant des critères relatifs aux personnes ou aux groupes qui peuvent exercer des activités ou en limitant ces activités, ou limitant les sources de financement (c'est-à-dire les sources étrangères),
- ➢ Adoptant une législation régissant les libertés d'expression, de réunion pacifique et d'association qui contient des dispositions discriminatoires ou qui a un impact démesurément négatif sur certains groupes.

Par ailleurs, souvent les lourdes procédures administratives ainsi que les mesures discrétionnaires peuvent dissuader les acteurs de la société civile d'exercer leurs activités ou les retarder. Lorsque le droit à l'information est restreint, les acteurs de la société civile sont difficilement capables d'intervenir efficacement dans le domaine de l'élaboration des politiques. Les modalités de participation exagérément strictes ou étroites (par exemple, le « statut d'observateur » accordé aux acteurs de la société civile, ou les droits de parole limités) aux processus de décision sont également des obstacles à la participation. Les normes relatives à la liberté d'association applicables au niveau international sont également applicables aux niveaux national et local.

2. Mesures arbitraires

Lorsque la société civile critique des positions, des politiques et des actions du gouvernement ou s'y oppose, de vagues dispositions prévues dans des lois peuvent être arbitrairement appliquées sous prétexte de légalité ou de légitimité (par exemple, lutte contre le blanchiment d'argent, anti-terrorisme, moralité publique, diffamation, protection de la souveraineté nationale), et donner lieu à des :

- ➢ Examens arbitraires de la gestion et de la gouvernance interne,
- ➢ Menaces, ou à la mise en œuvre, de désenregistrement,
- ➢ Fermetures de bureaux forcées,
- ➢ Opérations de fouille et de saisie,
- ➢ Amendes exorbitantes, ou poursuites infondées,
- ➢ Arrestations et à des détentions arbitraires,

- ➢ Interdictions de voyager,
- ➢ Privations de la nationalité,
- ➢ Restrictions ou à des annulations arbitraires relatives à des manifestations ou à des rassemblements.

3. Harcèlements, intimidations et représailles extra-juridiques

Outre les restrictions légalement imposées et les lois arbitrairement appliquées, qui peuvent limiter le champ d'action de la société civile, des menaces ou d'autres formes de pressions psychologiques ou même d'agressions physiques ciblant les acteurs de la société civile ou des membres de leurs familles peuvent les empêcher d'exercer librement leurs activités.

En voici quelques exemples :

- ➢ Messages téléphoniques menaçant
- ➢ Surveillance
- ➢ Agressions physiques ou sexuelles
- ➢ Destructions de biens
- ➢ Privations d'emploi ou pertes de revenus
- ➢ Campagnes de dénigrement présentant les acteurs de la société civile comme des « ennemis de l'État », des « traîtres », ou travaillant pour des « intérêts étrangers »
- ➢ Disparitions
- ➢ Actes de torture
- ➢ Meurtres.

Section 4. La société civile au Burundi

§1. Quelques repères historiques

Les moments clés dans le développement de la société civile au Burundi sont à l'image des événements politiques marquants qui ont jalonné l'histoire du pays.

De manière générale, on peut dire que le mouvement associatif burundais s'est toujours intégré au système politique, social et culturel dominant. Dans le Burundi précolonial, la société civile burundaise a eu pour « base fondamentale la famille simple et la famille composée, ce que l'on appelle le clan ». L'autre pôle très important de la société civile burundaise fut l'institution d'Ubushingantahe.

Cette institution était une forme raffinée de la sociabilité et de l'assimilation réciproque des élites qui va jouer un rôle dans la conduite des affaires publiques et dans la formation de la classe dirigeante. Les Bashingantahe constituaient parfois comme un contrepoids aux pouvoirs monarchique et princier. Avec la période coloniale et l'indépendance, la distinction entre société politique et société civile n'était pas encore claire. L'autorité de l'Etat est d'autant plus envahissante que ce dernier commence à absorber les mécanismes d'accumulation et qu'il s'arroge le monopole de la modernité. Dans les années 50, le mouvement associatif se manifeste par le biais des coopératives qui seront autant des lieux où les opinions, les attitudes et les valeurs se sont formées. Le Prince Rwagasore fera d'ailleurs de ces coopératives un facteur d'unification dans le combat nationaliste.

En 1958, la sortie de premiers lauréats diplômés des universités va donner lieu à l'émergence de mouvements associatifs plus ou moins autonomes. La vitalité du mouvement étudiant et syndical qui a profité du pluralisme politique de 1960 à 1966 est le résultat d'une volonté d'émancipation par rapport aux clientélismes politiques de l'époque.

Depuis 1966 jusqu'au début des années 90 comme partout en Afrique, le monopartisme et son corollaire le totalitarisme ont drastiquement réduit les espaces d'expression et d'action de la société civile au profit du Parti-Etat. Au fil des années, les coopératives qui dominaient la vie associative vont se dissoudre les unes après les autres surtout après l'assassinat du Prince Louis Rwagasore.

Depuis 1993, la crise sociopolitique est la base d'un nouvel essor du mouvement associatif surtout que le pays avait connu une période d'ouverture démocratique vers la fin de la décennie précédente. C'est dans ce contexte que le décret-loi n°1/11 du 18 avril 1992 portant cadre organique des associations sans but lucratif avait été élaboré permettant de mettre à jour le cadre législatif du mouvement associatif. A la faveur de cette loi, on observe un foisonnement d'associations : droits de l'homme, autopromotion, associations de ressortissants, associations confessionnelles, etc.

Mis à part les associations religieuses comme les confessions religieuses, les mouvements d'action catholique, les associations syndicales affiliées à l'ancien parti unique, les autres associations burundaises sont de création récente. Pratiquement le concept de société civile a commencé à émerger avec le début du processus démocratique des années 90. Mais la notion reste empreinte de confusion sur sa définition, malgré la présence de nombreuses associations de la société civile légalement enregistrées. Dès que le multipartisme s'est installé et suivi par la crise, la liquéfaction des structures de l'Etat et la persistance des effets de la guerre, plusieurs associations se sont montrées sur la scène publique. Elles provenaient des secteurs de l'aide et secours, le développement, les droits humains, la culture, le loisir, la santé, etc. Actuellement près de dix mille associations ou organisations dites « communautaires » sont basées dans toutes les provinces et peuvent être considérées comme faisant partie du mouvement associatif burundais.

§2. Cadre juridique et législatif de la société civile

L'exercice du droit d'association est une des conditions de la formation et de l'action de la société civile. Au Burundi, si la loi fondamentale a toujours reconnu ce droit et si toutes les constitutions de 1962 à nos jours ont consacré des dispositions favorables au droit de créer des associations, l'autorité politique s'est toujours réservée la possibilité de limiter son exercice en le soumettant parfois à des conditionnalités dont elle seule se réservait le contrôle. Déjà en 1959, l'ordonnance n° 11/234 du 8 mai 1959 relative aux associations non régies par des dispositions légales particulières permettait aux autorités administratives de les dissoudre si les activités de ces dernières menaçaient de compromettre la tranquillité ou l'ordre public. L'application de la loi sur les associations a toujours été déterminée par le contexte politique du moment. C'est ainsi que sous la période de l'emprise autoritaire du Parti-Etat l'autorité a souvent abusé de ses prérogatives quand il s'agissait d'interpréter la loi associative. Ce qui explique la quasi-inexistence du mouvement associatif de 1966 à 1992.

Avec le déclenchement du processus de démocratisation, de multiples requêtes furent enregistrées en vue de créer des associations sans but lucratif. Le Décret-loi n°1/11 du 18 avril 1992 portant cadre organique des asbl, signale dans son exposé des motifs la nécessité « d'adapter toutes les règles juridiques de portée générale à l'évolution irréversible du Burundi et d'harmoniser les règles en fonction des matières qu'elles sont appelées à organiser ». Il s'agissait en pratique, d'unifier trois textes législatifs : le décret-loi du 27 novembre 1959 sur les asbl, l'ordonnance n° 11/234 du 8 mai 1959 sur les associations non régies par des dispositions légales particulières et de l'arrêté royal n° 100/170 du 1er mars 1963 relatif aux associations formées principalement d'étrangers. Aussi bien pour le Décret-loi n°1/11 du 18 avril 1992 que la loi n°1/02 du 27 janvier 2017, il est clairement précisé le champ d'application de la loi et une ASBL est clairement définie comme étant une organisation « qui ne se livre pas à des activités commerciales ou industrielles et dont l'objet principal n'est pas de procurer à ses membres un profit matériel ou pécuniaire. Toutefois n'est pas considéré comme une activité lucrative le fait pour une association d'effectuer des opérations tendant à fructifier son patrimoine dans le souci de mieux réaliser son objet ».

Depuis lors, l'agrément des ASBL est de la compétence du Ministre de l'Intérieur qui aura le pouvoir d'accorder la personnalité juridique à une ASBL. L'obtention de la personnalité juridique d'une ASBL devra donc être le résultat d'une démarche minutieuse en vue de protéger les droits et intérêts des associés ou des tiers. C'est pourquoi les statuts doivent faire l'objet d'un acte authentique dressé par un notaire. De plus la personnalité juridique doit être publiée au Bulletin Officiel du Burundi (BOB) pour que l'existence de l'association puisse être opposable aux tiers. Au niveau des organes dirigeants de l'association, la loi précise la répartition des compétences ainsi que le mode d'organisation et d'administration. Elle prévoit ainsi un organe délibérant (l'Assemblée Générale), un organe exécutif (le Comité Exécutif), un organe de surveillance, (Conseil de Surveillance), un organe de liquidation (liquidateurs). La loi ne restreint pas le champ de l'activité lucrative effectuée dans le but de réaliser l'objet de l'association. Elle ne prévoit à cet effet aucun organe permettant de s'assurer de cette destination.

Au niveau du suivi, la loi reconnaît au Ministre de l'Intérieur un pouvoir de contrôle et de surveillance périodique de l'association mais lorsque la personnalité civile est octroyée, seul le tribunal peut la lui retirer. La loi n°01/02 du 27 janvier 2017 portant cadre organique des associations sans but lucratif (Articles 23 et 24) prévoit des possibilités de recours pour des associations auxquelles on refuse l'agrément.

§3. Activités reconnues aux ASBL

La loi burundaise n'est pas très explicite sur la nature des activités non lucratives que peuvent exercer les organisations de la société civile ainsi que les privilèges et autres exonérations y relatifs. Mais d'une manière générale, l'on sait que le but non lucratif peut être reconnu à une association lors qu'elle remplit les 5 critères suivants :

✓ Présenter une utilité sociale

- ✓ Entrer dans le cadre d'un but désintéressé
- ✓ Eviter que les membres ne partagent les bénéfices d'un profit
- ✓ La réalisation d'excédents de recettes ne doit pas être systématiquement recherchée
- ✓ Les profits doivent être obligatoirement réinvestis et utilisés pour la réalisation des objectifs de l'association.

En réalité, rien n'interdit à une association d'exercer une activité génératrice de revenus susceptible de dégager un profit. La seule contrainte réside dans le fait de ne pas partager les bénéfices. Au Burundi, il y a des associations à but lucratif qui partagent les profits entre les membres. Il y a aussi des créateurs d'entreprises qui entrent dans ce créneau alors que leur initiative est étrangère à la notion de volontariat ou d'utilité sociale. Par contre, les ASBL ont le droit de développer une activité commerciale susceptible de les aider à financer leurs autres activités non-lucratives. La loi n'a pas encore levé les confusions à ce sujet pas plus qu'elle ne protège ces activités pour permettre un plein épanouissement du monde associatif.

§4. Une société civile difficilement indépendante

La société civile burundaise fait toujours face à un triple défi de dépendance :

- ➢ Une dépendance vis-à-vis des structures et des hommes politiques :

A tort ou à raison, certains membres des associations de la société civile sont régulièrement taxés d'être des agents doubles voire multiples, étant à la fois membres des associations avec de fortes aquointances avec les partis politiques ou déjà employés dans les structures étatiques. Un ministre limogé peut se retrouver facilement dans la société civile tout en restant dans les réseaux de lutte pour le pouvoir. Même s'il faut toujours présumer la bonne foi, il serait très difficile dans des cas pareils de ne pas penser à un noyautage de la société civile par les politiques.

- ➢ Une dépendance vis-à-vis des clientélismes :

Les solidarités de classes sociales avec connotation ethnique ou partisane font que parfois certains membres de la société civile ont régulièrement été l'œil, le bras ou la bouche de leurs « frères » dans l'ethnie, dans le parti, dans le clan ou dans les affaires.

➢ Une dépendance par rapport aux financements étrangers :

Une autre source de dépendance non moins importante est constituée par l'accès au financement extérieur. Dans un contexte de coopération internationale qui privilégie de plus en plus le développement par les ONG, on comprend très facilement le gain financier qui peut être retiré de la création d'une association locale et surtout de sa gestion. La faiblesse de mobilisation des ressources internes doublée avec le peu d'enthousiasme dans le bénévolat pour faire fonctionner les associations militent également en faveur de la politique de la main tendue continuelle vers l'extérieur.

§5. Contribution de la société burundaise à la recherche de la paix

Depuis le début de la crise du 21 octobre 1993, des associations de la société civile ont pris position contre le coup d'Etat. Aux différentes phases agitées de la crise des prises de position publiques en provenance de beaucoup d'associations de la société civile ont régulièrement été entendues. Il s'agissait en gros des associations de jeunes, de femmes, des ligues des droits de l'homme, des associations professionnelles et syndicales, des diverses confessions religieuses.

L'importance de ces prises de positions de certains éléments de la société civile réside dans le fait qu'ils s'inscrivaient en faux publiquement par rapport au discours et agissements partisans tendant à la sécularisation et à la bipolarisation. Face à la surenchère des partis politiques, des voix de la société civile se sont levées pour montrer que d'autres alternatives étaient possibles pour la survie de l'Etat comme Nation appartenant à tous les Burundaises et Burundais.

Les politiques se souviennent du Groupe d'Action pour la Paix et le Secours « GAPS » qui a joué le rôle de facilitateur dans les négociations interpartis politiques afin d'éviter la rupture totale entre leaders politiques qui avaient plutôt tendance à se tourner le dos et développer davantage des envolées belliqueuses. Bien sûr les résultats escomptés n'ont pas été atteints et encore moins appréciés à leur juste valeur. La médiation de la société civile n'a pas empêché la guerre de continuer. Mais tout de même le geste posé fut un élément important pour tenter de débloquer une situation inextricable.

Section 5. Présentation de NDUWAMAHORO-NVA

&1. Contexte de création

L'Association « Nduwamahoro - NVA », est née des efforts entrepris par des Burundais épris de paix, soucieux de régénérer une société digne des humains. L'organisation a opté pour la pratique de la non-violence active, une spiritualité introduite au Burundi par le biais du Mouvement International de la Réconciliation (MIR) et fortement appuyée par l'Eglise Catholique du Burundi.

De novembre 1994 à avril 2000, alors que le pays était toujours en crise socio-politique résultant de l'assassinat du Premier Président démocratiquement élu et des massacres qui s'en sont suivis, le Centre de Recherches pour l'Inculturation et le Développement (CRID), en partenariat avec Catholic Relief Services (CRS) a mis en œuvre le Projet « Acceptation Mutuelle et Réconciliation Progressive ». Le contexte était difficile, marqué par des divisions profondes au sein des acteurs politiques et de la masse silencieuse. Tous les citoyens étaient meurtris par le virus de la division ethnique. Les institutions politiques étaient dans une impasse.

En août 1998, les Evêques Catholiques du Burundi ont demandé pardon à Dieu au nom de tout le peuple du Burundi. La célébration du 15 août 1998 à Mugera, a vu les Evêques Catholiques se prosterner devant l'autel, avec, derrière eux, une foule de personnes venues s'engager pour l'apostolat de la réconciliation. C'était le plus grand rassemblement enregistré à Mugera depuis l'éclatement de la crise en 1993. C'est à partir de ce jour que l'association Nduwamahoro-NVA a réellement démarré avec l'envoie de 72 messagers de la paix ou artisans de paix à travers le pays.

&2. Création et statut juridique

L'Association Nduwamahoro-NVA a été agréée par ordonnance Ministère n° 530/776 du 3 décembre 1999 par le Ministère de l'Intérieur et de la Sécurité Publique. NDUWAMAHORO-NVA est une association sans but lucratif d'envergure nationale. L'association a aussi obtenu une prise d'acte du Ministère ayant la gestion des associations dans ses attributions en guise de conformité à la nouvelle ordonnance Ministérielle du 27 janvier 2017 portant cadre organique des Associations Sans But Lucratif.

L'association est opérationnelle depuis plus de 20 ans et elle enregistre à son actif plusieurs réalisations dans le domaine de l'édification de la paix, la gestion non-violente des conflits familiaux et communautaire, de l'inculturation de la foi, de la cohésion sociale et l'entrepreneuriat, du genre et du développement, du plaidoyer pour les droits humains, la sécurité alimentaire et nutrition, l'éducation des nouvelles génération à la non-violence active, l'hygiène et assainissement et enfin la réintégration socio-économique des personnes vulnérables.

Nduwamahoro-NVA est une organisation à obédience religieuse avec des comités fonctionnels de la base jusqu'au sommet : au niveau paroissial, diocésain et national. Elle contribue dans l'édification de la paix au Burundi à travers l'approche de la non-violence active, l'acceptation mutuelle et la réconciliation progressive, la communication non-violente et l'autonomisation communautaire par les activités génératrices de revenu, des associations villageoises d'épargne et de crédit et la chaine de solidarité pour l'élevage des chèvres.

&3. Cadre organisationnel et institutionnel

Nduwamahoro-NVA est constitué de trois organes réglementaires suivants :

a) L'Assemblée Générale est l'organe suprême ayant les pouvoirs les plus étendus de décision et d'orientation de la politique générale de NDUWAMAHORO-NVA. Elle est composée des membres des comités régionaux qui sont à leur tour structurés en assemblées générales communales.

b) Le Comité Exécutif est le deuxième organe décisionnel ayant les pouvoirs les plus étendus pour assurer la gestion quotidienne de l'organisation, sous réserve des attributions de l'Assemblée Générale. Chapeauté par un représentant légal et son adjoint, l'organigramme est structuré en comités régionaux, avec à la tête de chacun, un secrétaire national, un secrétaire régional et un secrétaire communal.

c) Le Conseil de surveillance, composé d'un président, du vice-président et du secrétaire

&4. Vision, Mission, Valeurs et Objectifs de NDUWAMAHORO-NVA

1. Vision

Nduwamahoro-NVA a défini sa vision dans les termes ci-après : « Le Burundi sera un havre de paix. La non-violence active, notre cheval de bataille, sera pour le Burundi la valeur de référence qui redonnera à notre peuple sa dignité. Cette option libérera beaucoup d'âmes. Nduwamahoro-Le Non Violent Actif sera le réseau le plus important des artisans de paix au Burundi. Le développement sera le fruit de la non-violence active ».

2. Mission

Nduwamahoro-NVA a pour mission d'œuvrer pour la cohésion sociale et le développement inclusif au Burundi à travers la promotion d'une culture de non-violence active et de dignité des plus vulnérables, en vue du bien être intégral de tout homme et de tout l'homme et en impliquant toutes les composantes de la société burundaise.

3. Valeurs

Nduwamahoro-NVA considère comme valeurs :

- La nature sacrée de la vie
- L'honnêteté
- La justice sociale
- La réconciliation
- La transparence

4. Les objectifs

Selon l'article 4 des statuts, l'Association Nduwamahoro – Le Non Violent Actif a pour objectifs de :

1. Promouvoir une culture de paix au Burundi, basée sur le respect absolu de la personne humaine.
2. Contribuer à la re culturation du peuple burundais et à l'inculturation des valeurs de tolérance, honnêteté, vérité, justice sociale, pardon, réconciliation et non-violence active ;
3. Initier des projets visant l'autopromotion et le développement intégral de tout homme et de tout l'homme ;
4. Développer et encourager des mentalités et attitudes qui favorisent la vie ;

5. Lutter contre toutes les idéologies qui tuent, en veillant à sauver de la dérive les disciples du mal ;
6. Eduquer les générations montantes sur base de hautes valeurs culturelles qui construisent la paix ;
7. Sensibiliser et collaborer avec toutes les personnes physiques et/ou morales poursuivant les mêmes visées pour engendrer une synergie de paix ;
8. Approfondir et enraciner au Burundi une spiritualité de la paix.

L'association Nduwamahoro-NVA étant une association sans but lucratif sous forme de réseau de personnes engagées pour la paix dans leurs communautés respectives, sa première force réside en ses ressources humaines éparpillées à travers le pays.

CHAPITRE II :
PRESENTATION, ANALYSE DES DONNEES ET DISCUSSION DES RESULTATS

Dans ce chapitre nous allons développer les résultats de notre recherche. Dans un premier temps nous allons présenter les données obtenues puis proposer leur interprétation avant de formuler la conclusion générale.

Le premier groupe est constitué par des fondateurs de l'association et/ou des responsables actuels disponibles au nombre de sept (7) et tout le monde a répondu à notre questionnaire

Le groupe des bénéficiaires est constitué par des hommes et des femmes éparpillés sur tout le territoire national, membres ou non de l'Association. Parmi eux nous avons pu identifier cinquante (50) personnes, hommes et femmes, qui ont également collaboré à ce travail. Nous avons pu distribuer le questionnaire à un nombre égal entre homme et femmes ressortissant essentiellement des zones où l'Association a plus d'assises en l'occurrence la Mairie de Bujumbura, les villes de Gihanga, Rumonge et Rutana. Au total cinquante bénéficiaires ont répondu à notre questionnaire. Des contraintes de temps et de disponibilité des répondants ne nous ont pas permis de toucher plus de personnes notamment en provenance des autres zones d'intervention de Nduwamahoro-NVA.

Nous présentons dans les lignes qui suivent les différentes réponses obtenues. La dernière partie sera consacrée à l'interprétation des résultats et à la confirmation ou à l'infirmation de nos hypothèses avant la conclusion générale.

Section 1. Présentation des résultats

§1. Réponses des bénéficiaires

Comme indiqué plus haut, tous les bénéficiaires contactés ont répondu à notre questionnaire. Il s'agissait d'un nombre égal entre hommes et femmes. En tant que membres de l'association, leur âge ne nous a pas paru intéressant car la synthèse des réponses est le reflet de l'état des d'esprit de l'ASBL. Ci-après la synthèse des différentes réponses.

Question 1. Identification des répondants

Genre	Fréquence	Pourcentage
Hommes	25	50%
Femmes	25	50%
Non répondant	0	0%
Total	50	100%

Dans la collecte des données, le questionnaire a été envoyé à cinquante personnes en provenance des villes de Bujumbura (20), Gihanga (10), Rumonge (10) et Rutana (10). Lors de notre visite au siège, nous avons constaté que ces régions avaient été beaucoup plus privilégiées par rapport au reste du pays. Tout le monde a répondu à notre questionnaire.

Lieu	Fréquence de répondant	Pourcentage
Mairie de Bujumbura	15	30%
Gihanga	15	30%
Rumonge	10	20%
Rutana	10	20%
Total	50	100%

Question 2. Contribution de Nduwamahoro NVA au respect de la personne humaine :

A cette question, tous les répondants sont unanimes que les enseignements de Nduwamahoro-NVA ont contribué à l'amélioration du respect de la personne humaine.

Ci-après la synthèse des réponses obtenues :

- ✓ D'abord, le premier des objectifs de Nduwamahoro-NVA est de "Promouvoir une culture de paix au Burundi, basée sur le respect absolu de la personne humaine".
- ✓ Ainsi, poursuivant cet objectif, Nduwamahoro- NVA a beaucoup contribué au respect de la personne humaine dans ce sens qu'au cours des années (2000) de crise, il a animé des émissions radio de réconciliation et de respect mutuel.
- ✓ Mais aussi il a organisé une campagne de sensibilisation pour la cohésion sociale à travers tous les diocèses de l'Eglise catholique du Burundi. Il a aussi mobilisé des jeunes et les a formés pour être des artisans et des promoteurs de la paix, non seulement au Burundi mais aussi dans la sous-région des Grands Lacs.
- ✓ Beaucoup de sessions et messages de sensibilisation
- ✓ Contribution à la résolution pacifique des conflits
- ✓ Contribution à une saine cohabitation

Question 3. Impact des enseignements sur les valeurs de paix, tolérance honnêteté, etc

Tous les répondants ont reconnu un impact positif des enseignements reçus :

- ✓ Les enseignements de Nduwamahoro-NVA se basent sur le contexte de la vie courante. Il ne s'agit pas des théories importées, il s'agit de la réalité locale, du contexte actuel du pays. L'exemple est qu'il ne faut pas se précipiter à trouver une solution à un problème, il faut d'abord se retenir et faire une analyse objective du cas, afin de prendre une solution durable, car une solution hâtive n'est généralement pas durable.
- ✓ Contribution au renforcement de la paix
- ✓ Combat contre les rumeurs et la panique au sein de la population
- ✓ Promotion de la lutte contre le mal par le bien, contribuer dans la résolution des conflits.

Question 4. Eradication des idéologies qui tuent au Burundi /implication de Nduwamahoro NVA

Nos répondants estiment que les idéologies qui tuent n'ont pas encore été totalement éradiquées. Voici les raisons avancées :

Libellé	Fréquence	Pourcentage
Pour	18	36%
Contre	32	64%
Pas de réponse	0	0%
Total	50	100%

- ✓ Non les idéologies qui tuent existent encore et existeront. La contribution de Nduwamahoro-NVA a été la sensibilisation au respect mutuel surtout à travers un de ses projets "Acceptation Mutuelle et Réconciliation Progressive (AMRP)" qui a été exécuté à travers tout le pays.
- ✓ Il existe encore des politiques, des messages et des enseignements d'exclusion et de diabolisation de l'autre
- ✓ La contribution de Nduwamahoro-NVA est substantielle certes mais elle est une goutte d'eau dans un océan face aux discours de la haine.

Question 5. Impact de la formation sur les jeunes

Tous les répondants ont reconnu un impact très positif des divers enseignements de Nduwamahoro-NVA sur les jeunes :

- ✓ Les jeunes eux-mêmes ont pris des engagements en vue de changer leurs mentalités et comportement, ainsi que leur mode de vie. Bref, comment trouver les origines des conflits et la façon de les résoudre, créer la paix, vivre pacifiquement avec les autres, ne pas créer les conflits et résoudre les conflits d'une manière non violente.
- ✓ Une adhésion massive des jeunes à Nduwamahoro est un des signes qui montrent l'impact positif des enseignements reçus
- ✓ Sensibilisation pour l'abandon des stupéfiants et de la délinquance

Question 6. Autres réponses à la question réservée aux compléments

La dernière question était ouverte pour recevoir les autres observations en dehors du questionnaire. Tous les répondants y ont contribué :

- ✓ Nduwamahoro-NVA est un fourneau des artisans et promoteurs de la paix et du respect de la personne humaine au Burundi et dans la région, du fait qu'il est membre de différents réseaux de renforcement de la paix.
- ✓ La contribution de la société civile se heurte à un contexte de politique de crise, souvent de règlement de comptes à peine voilé des protagonistes politiques qui se disputent sournoisement le contrôle du butin national sans une véritable politique de stabilisation du pays.
- ✓ Nduwamahoro-NVA ferait mieux d'organiser une autre série de formation sur la violation et le respect des lois

§2. Réponses des fondateurs et responsables de Nduwamahoro-NVA

Question 1. Identification des répondants

Libellé	Fréquence	Pourcentage
Hommes	4	57%
Femmes	3	43%
N'ont pas répondu	0	0%
Total	7	100%

Contrairement aux bénéficiaires qui ont répondu au questionnaire, il y'a plus d'hommes (57%) qui ont répondu répondre questionnaire.

Question 2. Motif de la création de l'Association

Tous les répondants sont unanimes de la nécessité d'avoir contribué à la fondation de leur Association :

- ✓ Constat sombre de la situation qui prévaut :
  - ➢ La persistance des horreurs et atrocités commises par la main humaine sous le regard impuissant de la communauté

- ➤ Situations de violence radicale
- ➤ La perte de repères moraux
- ➤ La fermeture des esprits face aux appels à la réconciliation
- ➤ La déperdition des jeunes vers les idéologies qui tuent
- ➤ Le désespoir généralisé qui hante tout le peuple
- ➤ L'environnement sous régional marqué par l'intégrisme ethnique
- ➤ La primauté de l'idéologie du crime et de la violence
- ➤ Le vide de réponse face aux questionnements lancinant dans les esprits sur les véritables raisons des massacres des nôtres, l'avenir des veuves et des orphelins de guerre, le sort de la souveraineté d'une nation qui voit ses élites intellectuelles rivaliser d'inhumanité et d'exploits en destructions morales, humaines et matérielles, la balkanisation des quartiers et des villages où la cloche de la haine retentit chaque fois pour brouiller les clochettes de l'amitié, de la vérité, du pardon, de la réconciliation,etc.
- ✓ Contribution à la recherche de solution durable au malaise sociopolitique quasi permanent au Burundi depuis son accession à l'indépendance en juillet 1962
- ✓ Contribuer à libérer l'amour et la fraternité
- ✓ Briser les chaînes de la haine qui étouffent et des injustices qui étranglent le peuple burundais et créer un espace d'échanges en vue d'une libération mutuelle,
- ✓ Créer une ouverture vers l'autre qui fait si peur
- ✓ Contribuer à la résolution pacifique des différents conflits et à la réconciliation progressive de peuple burundais
- ✓ Le désespoir était très grand dans la population, l'esprit d'animalité avait pratiquement remplacé tout espoir, on avait vite de fuir son semblable, la désolation et les pleurs au quotidien avaient remplacé la joie et la tranquillité.
- ✓ Comme chrétiens, nous nous sommes mis ensemble pour contribuer tant soi peu au retour aux valeurs humaines et à la paix.

Question 3. Contribution au respect de la personne humaine

Tous les répondants sont également convaincus d'avoir contribué à l'amélioration des conditions de la personne humaine :

- ✓ Donner à plusieurs groupes de burundais de nombreux enseignements relatifs à la résolution pacifique des conflits

- ✓ Formations à une meilleure culture des droits humains
- ✓ Identification du mal et de sa source
- ✓ Séparation du mal et de son auteur
- ✓ Enseignements basés sur les valeurs humaines au lieu de la force
- ✓ La communication non violente dans les rapports sociaux
- ✓ Moralisation de la société pour bien identifier le bien du mal indépendamment de la couleur ou de l'appartenance ethnique de son auteur
- ✓ Les enseignements au niveau national

Question 4. Contribution aux valeurs de tolérance, de paix, d'honnêteté

De même, les répondants sont fiers d'avoir contribué à l'amélioration des valeurs en question :

- ✓ Beaucoup de burundais ont adhéré à la vision de Nduwamahoro-NVA et sont même devenus membres de l'association
- ✓ Renforcement de la paix à travers l'acceptation mutuelle et la résolution pacifique des conflits dans les ménages
- ✓ Contribution au rapprochement des personnes déplacées et ceux qui sont restées dans leurs ménages
- ✓ Contribution à la résolution des conflits fonciers, des conflits en familles, etc
- ✓ Beaucoup d'enseignements à la jeunesse pour le renforcement de la paix.
- ✓ Contribution au développement communautaire pour combattre la faim.
- ✓ Les enseignements ont été donnés au moment très opportun pour revenir aux valeurs humaines pour rompre avec l'esprit bestial qui s'était emparé des cœurs des burundais

Question 5. Eradication des idéologies qui tuent/ Contribution de Nduwamahoro-NVA

Libellé	Fréquence	Pourcentage
Oui	5	71.4%
Non	2	28.6%
Pas de réponse	0	0%
Total	7	100%

- ✓ Nous ne pouvons pas affirmer que les idéologies qui tuent ont été éradiquées au Burundi car la nature de la personne humaine est ainsi faite.
- ✓ Oui dans la mesure où nos enseignements ont énormément contribué à lutter contre la globalisation ethnique qui faisait rage à cette époque. Progressivement la population a compris que le bien ou le mal commis par des individus n'a rien à avoir avec son appartenance ethnique
- ✓ Non dans la mesure où les sources du mal sont multiples. Il persiste encore des idéologies liées à la politique, à la pauvreté, etc.

Question 6. Impact de la formation assurée aux jeunes

Les membres fondateurs apprécient très positivement l'impact des enseignements sur les jeunes :

- ✓ Contribution à une amélioration sensible des rapports positifs entre eux
- ✓ Des témoignages du voisinage ou des déclarations des jeunes eux-mêmes confirment l'impact de ces enseignements
- ✓ Dans les écoles, nombreux directeurs et encadreurs ont confirmé qu'après les enseignements de Nduwamahoro-NVA les élèves se sont appliqués à résoudre pacifiquement les différends pouvant survenir entre eux sans même recours à l'intervention de l'autorité.
- ✓ Les enseignements ont énormément contribué à aider les jeunes à redonner du sens à la vie et renouer avec l'espoir à un lendemain meilleur
- ✓ Beaucoup de jeunes ont renoncé l'adhésion aux groupes armés et se sont tourné vers la création des associations de développement

Question 7. Résultats tangibles obtenus sur terrain

Tous les membres fondateurs reconnaissent bien avoir obtenu des résultats tangibles sur terrain :

- ✓ Les conflits sont réglés au niveau de la communauté
- ✓ Des fêtes de réconciliation ont été organisées au sein de la communauté après une réparation des torts et paiement des biens volés
- ✓ Les membres ont créé de petites caisses de solidarité
- ✓ Un climat de détente s'est progressivement installé au sein de la communauté

- ✓ La population a acquis un sens d'analyse critique en évitant les intoxications appelant à la violence identitaire
- ✓ Vulgarisation et formation à la non-violence active à travers tout le pays
- ✓ Les membres ont participé à des actions caritatives envers les plus démunis, dans la libération des personnes arbitrairement incarcérées dans les cachots des zones ou des communes et ils ont activement participé à des manifestations culturelles en vue du retour à la paix.
- ✓ Des formations sur presque tout le territoire national
- ✓ Assistance agricole indiscriminée aux pauvres surtout des Communes de Gihanga et Rutana par l'octroi des terrains de cultures, l'octroi des chèvres par ménage, la promotion des cultures de soudure, etc.
- ✓ Le pays est maintenant stable et les gens vaquent aux travaux de développement
- ✓ Les idées négatives ont cédé place à la foi en l'avenir

Question 8. Les principaux défis de l'ASBL

Tous les répondants se sont prononcés sur les principaux défis du moment à surmonter :

- ✓ Les enseignements ne sont pas encore parvenus à tous les citoyens et citoyennes de ce pays
- ✓ Le seuil de pauvreté accroit la liste des nécessiteux mais les moyens ne suivent pas
- ✓ Faute de moyens suffisants, le programme de Nduwamahoro-NVA n'a pas pu entièrement réaliser ses objectifs
- ✓ Dans un premier temps, Nduwamahoro-NVA était assimilé à d'autres ONG des bienfaiteurs comme PAM et autres. Ceci a freiné notre progression.

Question 9. Autres réponses

Tous les répondants ont bien voulu donner d'autres contributions pour faire face aux défis :

- ✓ Le chemin est encore long pour gagner le pari de la paix au Burundi
- ✓ La paix durable est comme une plante à entretenir depuis la semence jusqu'à la récolte
- ✓ Les ennemis de la paix ne sont pas seulement la guerre mais aussi la faim, la pauvreté, la maladie, etc

- ✓ Nduwamahoro a encore du pain sur la planche pour arriver à assoir une paix durable
- ✓ Les associations de même obédience devraient se mettre ensemble pour plus d'efficacité sur terrain car l'unité fait la force.

Section 2. Interprétation des données

L'analyse des données consiste à identifier parmi la variété de données présentées celles qui sont significatives, à la lumière des objectifs de la recherche, et à établir des relations entre elles. Dans le présent travail, nous nous sommes intéressé au contenu des documents et les réponses aux questionnaires. C'est donc l'analyse de contenu des documents et des réponses au questionnaire qui nous ont servi de méthode de traitement des données.

Nous allons dans les lignes qui suivent présenter l'interprétation des données obtenues.

§1. Appréciation des membres de Nduwamahoro-NVA

Tous les membres consultés ont été unanimes que la création de Nduwamahoro-NVA visait essentiellement à répondre à un impératif de la société en crise afin de pouvoir donner espoir au peuple burundais et renouer avec le respect absolu de la personne humaine. Toutes les initiatives organisées ont concouru à ce noble objectif.

Leurs enseignements étaient basés sur le contexte de la vie courante. Avec leur devise de « voir, juger et agir » les membres pensent avoir énormément contribué à la consolidation de la paix notamment à travers la destruction des rumeurs et la réduction de l'impact de la panique au sein de la population.

Quant à l'éradication des idéologies qui tuent, la position des membres est ambivalente. A travers son programme de l'« Acceptation mutuelle et Réconciliation Progressive » exécuté à travers tout le pays, les membres ont été unanimes pour constater que la contribution de Nduwamahoro-NVA a été substantielle certes mais elle était comme une goutte d'eau dans un océan face à l'intensité des discours de la haine propagés. Ceci est un indicateur permettant à suffisance de constater amèrement que les idéologies qui tuent existent encore et continueront à exister.

Tous les membres ont été unanimes de l'impact positif les programmes de Nduwamahoro-NVA sur la jeunesse. A la fin de la formation, les jeunes eux-mêmes prenaient des engagements en vue de changer leurs mentalités et comportement, ainsi que leur mode de vie. Une adhésion massive des jeunes à Nduwamahoro-NVA a été remarquée. Ceci est un des signes éloquents qui montrent l'impact positif des enseignements reçus. Tous les membres ont également noté une baisse sensible de la consommation des stupéfiants et de la délinquance chez les jeunes.

Les membres concluent leurs observations en affirmant que pour eux, Nduwamahoro-NVA est un fourneau des artisans et promoteurs de la paix et du respect de la personne humaine au Burundi et dans la région, du fait qu'il est membre de différents réseaux de renforcement de la paix.

La contribution de la société civile se heurte à un contexte de politique de crise, souvent de règlement de comptes à peine voilé des protagonistes politiques qui se disputent sournoisement le contrôle du butin national sans une véritable politique de stabilisation du pays.

§2. Appréciation des membres fondateurs ou responsables actuels

Pour les membres fondateurs de Nduwamahoro-NVA, la création de l'ASBL était comme une alternative offerte à la population burundaise face à une situation vraiment sombre qui prévalait.

Ici et là il y'avait la persistance des horreurs et atrocités commises par la main humaine sous le regard impuissant de la communauté nationale et internationale, des situations de violence radicale, une perte de repères moraux, la fermeture des esprits face aux appels à la réconciliation, la déperdition des jeunes vers les idéologies qui tuent et un désespoir généralisé qui hantait tout le peuple. A cela s'ajoutait un environnement sous régional marqué par l'intégrisme ethnique, la primauté de l'idéologie du crime et de la violence. Il y'avait vraiment un vide de réponse face aux questionnements lancinant dans les esprits sur les véritables raisons des massacres des nôtres, l'avenir des veuves et des orphelins de guerre, le sort de la souveraineté d'une nation qui voit ses élites intellectuelles rivaliser d'inhumanité et d'exploits en destructions morales, humaines et matérielles, la balkanisation des quartiers et des villages où la cloche de la haine retentit chaque fois pour brouiller les clochettes de l'amitié, de la vérité, du pardon, de la réconciliation, etc.

Comme chrétiens, les promoteurs de l'Association ont décidé de se mettre ensemble pour contribuer tant soit peu au retour aux valeurs humaines et à la paix. Le désespoir était très grand dans la population, l'esprit d'animalité avait pratiquement remplacé tout espoir, on avait vite de fuir son semblable, la désolation et les pleurs au quotidien avaient remplacé la joie et la tranquillité. Ils se sont mis à explorer les voies et moyens de contribuer à la recherche d'une solution durable au malaise sociopolitique quasi permanent au Burundi depuis son accession à l'indépendance en juillet 1962, contribuer à libérer l'amour et la fraternité, briser les chaînes de la haine qui étouffent et des injustices qui étranglent le peuple burundais, créer un espace d'échanges en vue d'une libération mutuelle, et créer une ouverture vers l'autre qui fait si peur afin de pouvoir contribuer à la résolution pacifique des différents conflits et à la réconciliation progressive de peuple burundais.

Les responsables de Nduwamahoro-NVA sont d'avis d'avoir contribué à l'amélioration de la dignité de la personne humaine à travers les nombreuses formations offertes sur le plan national. Plusieurs enseignements notamment pour une moralisation de la société afin de bien identifier le bien du mal indépendamment de la couleur ou de l'appartenance ethnique de son auteur, l'identification du mal à la source, le renforcement des droits humains, la séparation du mal et de son auteur, la communication non violente dans les rapports sociaux et la résolution pacifique des conflits.

Selon les responsables de Nduwamahoro-NVA, beaucoup de Burundais ont adhéré à la vision de Nduwamahoro-NVA et sont même devenus membres de l'association, signe également de leur adhésion aux valeurs de tolérance et d'honnêteté. Le programme de l'acceptation mutuelle et de réconciliation progressive a trouvé écho dans beaucoup de burundais car à travers elle, il y'a eu renforcement de la paix et la résolution pacifique des conflits dans les ménages, contribution au rapprochement des personnes déplacées et ceux qui sont restées dans leurs ménages, contribution à la résolution des conflits fonciers, des conflits en familles, contribution au développement communautaire pour combattre la faim. Les enseignements ont été donnés au moment très opportun pour revenir aux valeurs humaines pour rompre avec l'esprit bestial qui s'était emparé des cœurs des Burundais

Quant à l'éradication des idéologies qui tuent, les responsables de Nduwamahoro-NVA sont presque unanimes pour ne pas affirmer que ces idéologies qui tuent ont été éradiquées au Burundi car la nature de la personne humaine est ainsi faite. Les sources du mal sont multiples. Il persiste encore des idéologies liées avec la politique, la pauvreté, etc.

Néanmoins, ils admettent que leurs enseignements ont énormément contribué à lutter contre la globalisation ethnique qui faisait rage à cette époque. Progressivement la population a compris que le bien ou le mal commis par des individus n'a rien à avoir avec son appartenance ethnique.

Quant à l'impact des enseignements de Nduwamahoro sur la jeunesse, les responsables admettent une amélioration sensible des rapports positifs entre les jeunes. Des témoignages du voisinage ou des déclarations des jeunes eux-mêmes confirment l'impact de ces enseignements.

Dans les écoles, nombreux directeurs et encadreurs ont confirmé qu'après les enseignements de Nduwamahoro les élèves se sont appliqués à résoudre pacifiquement les différends pouvant survenir entre eux sans même recours à l'intervention de l'autorité.

Les enseignements ont énormément contribué à aider les jeunes à redonner du sens à la vie et renouer avec l'espoir à un lendemain meilleur. Beaucoup de jeunes ont renoncé à l'adhésion aux groupes armés et se sont tourné vers la création des associations de développement

Quels sont les résultats tangibles sur terrain ?

Les responsables sont très unanimes :

- ✓ Les conflits sont réglés au niveau de la communauté
- ✓ Des fêtes de réconciliation ont été organisées au sein de la communauté après une réparation des torts et paiement des biens volés
- ✓ Les membres ont créé de petites caisses de solidarité
- ✓ Un climat de détente s'est progressivement installé au sein de la communauté
- ✓ La population a acquis un sens d'analyse critique en évitant les intoxications appelant à la violence identitaire
- ✓ Vulgarisation et formation à la non-violence active à travers tout le pays
- ✓ Les membres ont participé à des actions caritatives envers les plus démunis, dans la libération des personnes arbitrairement incarcérées dans les cachots des zones ou des communes et ils ont activement participé dans des manifestations culturelles en vue du retour à la paix.
- ✓ Des formations sur presque tout le territoire national
- ✓ Assistance agricole indiscriminée aux pauvres surtout des Communes de Gihanga et Rutana par l'octroi des terrains de cultures, l'octroi des chèvres par ménage, la promotion des cultures de soudure, etc.
- ✓ Le pays est maintenant stable et les gens vaquent aux travaux de développement
- ✓ Les idées négatives ont cédé place à la foi en l'avenir

Nduwamahoro-NVA fait également face à des défis. Pour eux, les enseignements ne sont pas encore parvenus à tous les citoyens et citoyennes de ce pays. Dans un premier temps, Nduwamahoro-NVA était assimilé à d'autres ONG des bienfaiteurs comme PAM et autres. Ceci a freiné notre progression. Le seuil de pauvreté accroit la liste des nécessiteux mais les moyens ne suivent pas. Faute de moyens suffisants, le programme de Nduwamahoro-NVA n'a pas pu entièrement réaliser ses objectifs.

Pour les responsables de Nduwamahoro, en définitive, le chemin est encore long pour gagner le pari de la paix au Burundi. La paix durable est comme une plante à entretenir depuis la semence jusqu'à la récolte. Les ennemis de la paix ne sont pas seulement la guerre mais aussi la faim, la pauvreté, la maladie, etc. Nduwamahoro-NVA a donc encore du pain sur la planche pour arriver à assoir une paix durable. Les associations de même obédience devraient se mettre ensemble pour plus d'efficacité sur terrain car l'unité fait la force.

CONCLUSION GENERALE

L'objectif de cette étude était de nous concentrer sur la contribution de la société civile dans la consolidation de la paix au Burundi. L'ASBL Nduwamahoro-NVA a particulièrement retenu notre attention essentiellement à cause de l'identité des promoteurs et de leurs ambitions eu égard à l'avenir de la société civile burundaise.

Le premier chapitre a développé sur la problématique de notre recherche, l'intérêt et les contours de notre sujet après avoir posé les hypothèses de recherche et les moyens de collecte et de l'analyse des données.

Dans le deuxième chapitre, nous avons présenté succinctement les théories essentielles sur la consolidation de la paix et sur la société civile avant de faire une brève présentation de l'ASBL Nduwamahoro-NVA.

Tous les responsables de Nduwamahoro et leurs membres sont unanimes au fait que leur association a été créée au point nommé car la situation dans le pays était chaotique. Ils sont également unanimes d'avoir fait de leur mieux pour combattre les idéologies qui tuent.

Comme les autres associations de la société civile, Nduwamahoro -NVA s'est, entre autres, assigné l'objectif de contribuer à l'éradication des idéologies qui tuent. Ce but est limité mais vraiment immense pour pouvoir promouvoir un monde de justice, sauver le Burundi de sa destruction par l'homme.

Néanmoins, les deux groupes qui ont répondu au questionnaire sont également unanimes sur le fait que ces idéologies qui tuent n'ont pas été totalement éradiquées au Burundi car la nature de la personne humaine est ainsi faite. Pour eux les sources du mal sont multiples. Il persiste encore des idéologies liées avec la politique, la pauvreté, etc. et le chemin est encore long. Malgré cette dernière nuance si importante, nous pouvons conclure ici que notre première hypothèse de recherche est confirmée si l'on s'en tient aux différents témoignages des divers bénéficiaires.

De même, les responsables et les membres de Nduwamahoro-NVA pensent que grâce à leurs enseignements, les jeunes ont changé leurs comportements, la population dans son ensemble a été acquise à plus de tolérance, de justice sociale, d'honnêteté, etc. et vit dans une harmonie au village. Nous notons cependant qu'eux- mêmes sont d'avis que le chemin est encore long pour gagner le pari de la paix au Burundi. La paix durable est comme une plante à entretenir depuis la semence jusqu'à la récolte. Les ennemis de la paix ne sont pas seulement la guerre mais aussi la faim, la pauvreté, la maladie, etc. Ici aussi nous pouvons conclure que notre deuxième hypothèse de recherche est partiellement confirmée.

Enfin, les responsables et les membres sont également d'avis que, grâce aux enseignements de Nduwamahoro –NVA,

- ✓ Les conflits sont réglés au niveau de la communauté
- ✓ Des fêtes de réconciliation ont été organisées au sein de la communauté après une réparation des torts et paiement des biens volés
- ✓ Les membres ont créé de petites caisses de solidarité
- ✓ Un climat de détente s'est progressivement installé au sein de la communauté
- ✓ La population a acquis un sens d'analyse critique en évitant les intoxications appelant à la violence identitaire
- ✓ Vulgarisation et formation à la non-violence active à travers tout le pays
- ✓ Les membres ont participé à des actions caritatives envers les plus démunis, dans la libération des personnes arbitrairement incarcérées dans les cachots des zones ou des communes et ils ont activement participé dans des manifestations culturelles en vue du retour à la paix.
- ✓ Des formations sur presque tout le territoire national
- ✓ Assistance agricole indiscriminée aux pauvres surtout des Communes de Gihanga et Rutana par l'octroi des terrains de cultures, l'octroi des chèvres par ménage, la promotion des cultures de soudure, etc.
- ✓ Le pays est maintenant stable et les gens vaquent aux travaux de développement
- ✓ Les idées négatives ont cédé place à la foi en l'avenir

Nous pouvons conclure que notre troisième hypothèse de recherche est confirmée même si, en considérant les défis décrits encore à affronter, le chemin est encore long. Ils invitent même les autres associations de même obédience à se mettre ensemble pour plus d'efficacité sur terrain car l'unité fait la force.

Les objectifs clairement exprimés dans l'article 4 de Nduwamahoro-NVA sont toujours d'actualité pour la plupart. Au regard de l'impact sur terrain dans les moments sombres de notre histoire, nous pensons qu'une étude beaucoup plus fouillée avec du temps et des moyens suffisants pourrait aboutir à de résultats encore plus significatifs.

Nous saluons également le choix de ces objectifs car ils intéressent parfois peu de monde dans la société civile si bien que Nduwamahoro-NVA devrait encore aller de l'avant et promouvoir la lutte contre les idéologies qui tuent, les valeurs du respect absolu de la personne humaine, la justice sociale, le développement intégral de tout homme et de tout l'homme.

REFERENCES BIBLIOGRAPHIQUES

A. Textes juridiques
1. Constitution promulguée le 7 juin 2018
2. Décret-loi n°1/11 du 18 avril 1992 sur les ASBL
3. Loi n°01/02du 27 janvier2017 sur les ASBL
4. OM n°11/234 du 08 mai 1959 relatives aux associations non régies par des dispositions légales
5. OM n°530/776 du 3 décembre 1999 portant agrément de Nduwamahoro-NVA

B. Ouvrages
1. *Code de Droit canonique*, Librairie Editrice du Vatican,1983
2. Conseil Pontifical « Justice et Paix », *Compendium de la Doctrine Sociale de l'Eglise*, Libreria Editrice, Vaticana , 2004
3. FARDY (T), *Gestion de crise, maintien et consolidation de la paix : acteurs, activités, défis*, Editions De Boeck Université,2009
4. FESTINGER (L) et al, *Les méthodes de recherche dans les sciences sociales*, T2, Paris, P.U.F., 1974
5. FISCHER (S) et al, *Cheminer avec le conflit : compétences et stratégies pour l'action*, Responding to conflict iied,2002
6. KREID (P), *Le Rôle des ONGS et de l'Union Européenne dans la résolution des conflits*, Université de Genève, février 2008
7. PLANCHE (J), *Société civile : un acteur historique de la gouvernance*, éditions Charles Léopold Mayer, 2007
8. SCHIRCH (L), *Conflict Assesment & Peacebuilding planning*, Co:Lynn Reinner Press 2013
9. VERA(G) et al, Faire la paix : concepts et pratiques de la consolidation de la paix, les Presses de l'Université Laval,2005

C. Thèses et Mémoires
1. NDUWIMANA (JM), *De la place des organisations de la société civile dans la résolution pacifique du conflit burundais*, Université du Burundi, avril 2022

2. NITUNGA (R), *Contribution de la société civile dans le rapprochement communautaire au brurundi : Cas de Search for Common Fround et Dushirehamwe,* Université du Burundi,2009
3. NDIKURIYO (C), *Du cessez-le-feu comme mécanisme de résolution des conflits : Cas du Burundi,* Université du Burundi, avril 2008
4. NIYONZIMA (B), *La femme et la résolution des conflits au Burundi : Cas du Réseau Femme et Paix,* Université du Burundi, mai 2010.

D. Articles et Revues
1. JOHNSON(H), *Les cadres stratégiques pour la consolidation de la paix* in Afrique contemporaine 2004/1(n°209)
2. Au Cœur de l'Afrique numéros 23/2000, *Mondialisation et Non-violence Active au cœur de l'Afrique*
3. NASSER (E), *Limites et actualités du concept de société civile* in l'Homme et la Société 2000
4. EIRENE Grands Lacs, *Bulletin d'information numéro spécial 2019*

E. Autres documents
1. CIRGL, *Manuel de l'éducation à la Paix pour la Région des Grands Lacs,* 2021
2. Statuts et Règlement d'ordre intérieur et autres documents de base de Nduwamahoro-NVA

F. Sites web
https://www.fucid.be/wp-content/uploads/2019/12/role-societe-burundi-FINAL.pdf visité le 26/01/2023 à 18h10

https://medialibrary.uantwerpen.be/oldcontent/container2143/files/Publications/Annuaire/2005-2006/09-Palmans.pdf site visité le 26/01/2023 à 18h47

https://gallica.bnf.fr/ark:/12148/bpt6k5406710m/f857 visité le 28/03/2023 à 21h58

https://www.cnrtl.fr/definition/academie8/contribution visité le 28/03/2023 à 20h17

https://www.memoireonline.com/08/09/2533/m_Etude-socio-anthropologique-de-la-contribution-des-institutions-sociales--lallongement-de-la-vie8.html visité le 28/03/2023 à 22h47

https://www.issuelab.org/resources/20204/20204.pdf visité le 18/04/2023 à 21h13 https://www.toupie.org/Dictionnaire/Societe_civile.htm visité le 18/04/2023 à 22h10

https://eplo.org/wp-content/uploads/2017/08/EPLO-Leaflet-2017_French-version.pdf visité le 27/04/2023

https://www.google.com/search?client=opera&q=définition+du+concept+de+la+paix&sourceid=opera&ie=UTF-8&oe=UTF-8 visité le 26/04/2023 à 16h46

https://www.c-r.org/fr/notre-approche-de-la-consolidation-de-la-paix visité le 27/04/2023 à 10h40

https://www.international-alert.org/fr/a-propos/en-quoi-consiste-la-consolidation-de-la-paix/ visité le 27/04/2023 à 11h07

https://www.unige.ch/gsi/files/1014/0351/6354/kreidi.pdf visité le 27/04/2023 à 18h42

https://www.ohchr.org/sites/default/files/CS_space_UNHRSystem_Guide_fr.pdf visité le 28/04/2023à 15h40

https://www.google.com/search?q=nouvel+agenda+pour+la+paix+onu&client=opera&hs=n8X&sca_esv=556704752&biw=1306&bih=638&ei=qfPZZJm5DOmkkdUPmtST0AE&oq=Nouvel+Agenda+pour+la+paix+&gs_lp=Egxnd3Mtd2l6LXNlcnAiG05vdXZlbCBBZ2VuZG EgcG91ciBsYSBwYWl4ICoCCAAyBRAAGIAEMgYQABgWGB5Ig6YB UN4bWL92cAF4AJABAJgBoR2gAbJxqgELNS00LjMuMS4xLjK4AQH IAQD4AQHCAgoQABhHGNYEGLADwgIFEAAYogTCAgUQIRig AeIDBBgAIEGIBgGQBgI&sclient=gws-wiz-serp visité le 14/08/2023 à 12h35

https://www.persee.fr/doc/afdi_0066-3085_1992_num_38_1_3062 visité le 14/08/2023 à 12h31

ANNEXES

Annexe 1 : Questionnaire aux membres de Nduwamahoro -NVA

Consigne

Bonjour,

Je m'appelle Emile BARIBARIRA, je suis étudiant à l'Université du Burundi dans le programme de Master complémentaire en droits de l'homme et résolution pacifique des conflits. Je m'adresse à vous pour solliciter votre participation à une recherche sur la contribution des organisations de la société civile au Burundi, en l'occurrence l'ASBL Nduwamahoro-NVA. La participation à la recherche permettra au participant de contribuer à une meilleure compréhension de l'engagement citoyen des organisations de la société civile au service de la paix dans notre pays. Il n'y a pas de bonnes ou mauvaises réponses, seule importe votre opinion. Toutes les informations obtenues dans le cadre de cette recherche demeureront confidentielles. Les noms et prénoms des participants, de même que les caractéristiques qui les rendraient aisément identifiables, ne paraîtront sur aucun rapport.

Je vous remercie d'avance pour votre collaboration !

Questions

1. Pour commencer, pouvez-vous brièvement vous présenter ?
2. D'après vous, quelle a été la contribution de Nduwamahoro-NVA au respect de la personne humaine ?
3. Est-ce que les enseignements de Nduwamahoro-NVA vous ont-ils aidé à bien intégrer les valeurs essentielles de paix, de tolérance, d'honnêteté, etc ? Si oui expliquez brièvement votre réponse
4. Est-ce que grâces aux enseignements de Nduwamahoro-NVA les idéologies qui tuent ont été éradiquées au Burundi ?
5. Qu'elle a été l'impact de la formation assurée aux jeunes par Nduwamahoro-NVA ? Pourriez-vous donner des exemples concrets ?
6. Que pourriez-vous ajouter pour conclure ?

Annexe 2. Questionnaire aux fondateurs de l'Association

Consigne

Bonjour,

Je m'appelle Emile BARIBARIRA, je suis étudiant à l'Université du Burundi dans le programme de Master complémentaire en droits de l'homme et résolution pacifique des conflits. Je m'adresse à vous pour solliciter votre participation à une recherche sur la contribution des organisations de la société civile au Burundi, en l'occurrence l'ASBL Nduwamahoro-NVA. La participation à la recherche permettra au participant de contribuer à une meilleure compréhension de l'engagement citoyen des organisations de la société civile au service de la paix dans notre pays. Il n'y a pas de bonnes ou mauvaises réponses, seule importe votre opinion. Toutes les informations obtenues dans le cadre de cette recherche demeureront confidentielles. Les noms et prénoms des participants, de même que les caractéristiques qui les rendraient aisément identifiables, ne paraîtront sur aucun rapport.

Je vous remercie d'avance pour votre collaboration !

Questions :

1) Pour commencer, pouvez-vous brièvement vous présenter ?
2) Qu'est-ce qui a/ aurait motivé la création de l'association ?
3) D'après vous, quelle a été la contribution de Nduwamahoro au respect de la personne humaine ?
4) Comment les enseignements de Nduwamahoro ont-ils aidé le peuple burundais à bien intégrer les valeurs essentielles de paix, de tolérance, d'honnêteté, etc ?
5) Est-ce que les idéologies qui tuent ont été éradiqué au Burundi ? Quelle a été la contribution de Nduwamahoro ?
6) Qu'elle a été l'impact de la formation assurée aux jeunes par Nduwamahoro ? Pourriez-vous donner des exemples concrets ?
7) Quels sont les résultats tangibles que vous avez réalisés sur le terrain ?
8) Quels défis de Nduwamahoro par rapport à ses objectifs initiaux ?
9) Que pourriez-vous ajouter pour conclure ?